LES SYMBOLES DES ÉGYPTIENS

Déjà paru dans la même collection :

– Les Symboles des Celtes

– Les Symboles des Indiens

Conception et Rédaction : Heidemarie Pielmeier
Réalisation : Klaus Holitzka

© Schirner Verlag, Darmstadt
Erste Ausgabe 1997

© Guy Trédaniel Éditeur, 1998
pour la traduction française

http://www.tredaniel-courrier.com

ISBN : 2-84445-055-5

HEIKE OWUSU

LES
SYMBOLES
DES
ÉGYPTIENS

Traduit de l'allemand par C. Muguet

ÉDITIONS GUY TRÉDANIEL
65, rue Claude-Bernard
75005 PARIS

Le livre :
Vous trouverez dans cet ouvrage de référence de nombreux symboles provenant des domaines les plus divers de la civilisation égyptienne. Les rituels, les différents enseignements de sagesse et l'astrologie faisaient alors partie intégrantre de la conception du monde des Égyptiens de cette époque et déterminaient largement leur vie quotidienne. Vous y découvrirez à la fois le culte des morts qui était très développé dans les empires des pharaons ainsi que l'attribution des plantes et des animaux en Haute et Basse Égypte. Enfin vous aurez accès, par des explications faciles qui caractérisent cette collection, à la signification des hiéroglyphes, des divinités, des fresques et des objets d'art des dynasties de la plus haute antiquité à celles des époques les plus récentes.

Concernant l'auteur (qui est aussi l'illustrateur) :
Heike Owusu acquit très précocement une conception spirituelle des choses, ce qui ne fut pas sans lui attirer une certaine incompréhension dans son entourage familial et social. Lorsqu'elle tomba gravement malade au point de voir sa vie menacée, elle réussit à vaincre la maladie à l'aide du training autogène et d'une méthode de guérison qu'elle avait elle-même mise au point. Son mariage avec un Ghanéen ne fit que renforcer son intérêt déjà très développé pour les autres formes de connaissances propres aux peuples primitifs et à leurs mythologies. Tout cela lui permit de libérer son potentiel artistique et de transmettre à présent ses découvertes d'une manière des plus diversifiée : en réalisant des images cosmiques, des illustrations et en écrivant.

SOMMAIRE

AVANT-PROPOS

La civilisation égyptienne est un don du Nil. Les cycles des inondations que le fleuve engendrait donna lieu à la formation d'une très forte croyance dans l'au-delà prenant modèle sur les cycles naturels du devenir, de la disparition et du renouveau. Bien que nous puisions la plupart de nos informations sur cette civilisation dans les tombes qu'elle a laissées, les Égyptiens étaient un peuple dont les valeurs étaient très orientées vers la vie et qui tentaient de refouler autant que faire se peut les pensées relatives à tout ce qui touchait au vieillissement et à la mort. Ils mirent donc justement au premier plan une certaine conception de la vie dans l'au-delà et de la renaissance. Pour comprendre l'idée que les Égyptiens se faisaient du monde, il nous faut aborder cette civilisation dans sa dimension magico-spirituelle.

La pensée de cette culture n'était pas logique et rationnelle mais imagée et symbolique. Les Égyptiens s'en tenaient à un principe magique fondamental selon lequel toutes les grandes choses relevant d'un ordre supérieur ont leur pendant dans les petites choses apparemment modestes – ce qui est en haut se retrouve en bas, le macrocosme est comme le microcosme. C'est ainsi que par exemple le scarabée devint le symbole du soleil levant et que le ciel pouvait être représenté sous la forme d'une vache. De même que les choses avaient leur pendant dans l'ordre de ce qui est petit, de même il était possible d'avoir prise sur les temps forts dans la vie des dieux et sur l'au-delà par l'intermédiaire des actes et des illustrations symboliques. On attribuait aux symboles eux-mêmes une force immanente, une sorte d'être ou d'âme.

La religion de l'Égypte antique comprenait une foultitude de divinités se manifestant sous les formes les plus diverses. On attribuait aux dieux – ainsi d'ailleurs qu'aux hommes – un grand nombre d'aspects de la personnalité, de telle sorte qu'une seule et même divinité pouvait être représentée sous les incarnations les plus diverses, comme s'il s'agissait d'une entité susceptible de se manifester au travers de différentes personnalités. Muni de cette connaissance préalable, il devient plus aisé de pénétrer au sein de ce ciel décidément très peuplé de la haute antiquité égyptienne.

Dans la mythologie, la vie terrestre était radicalement séparée de la vie des divinités. Le pharaon constituait le seul chaînon reliant les deux mondes. Il n'était pas tant l'objet d'un culte en tant que divinité que reconnu comme étant celui qui était chargé de faire régner et de maintenir l'harmonie entre le monde des divinités et celui des humains. C'est pourquoi la surveillance et l'exécution des rituels religieux relevaient de sa compétence.

Ce livre a pour ambition de rendre accessible à nos contemporains l'image que les Égyptiens se faisaient d'eux-même et de restituer le contexte symbolique de leur représentation du monde de manière à la rendre transposable dans notre présent.

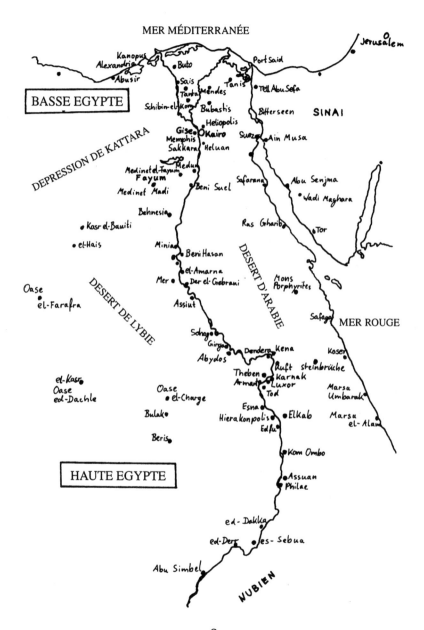

9

Époque	Dynasties		Principaux souverains
pré-dynastique et des premières dynasties	jusqu'à env 4000 avant notre ère 3100-2181 avant notre ère	1. dynastie 3100-2890	Scorpion, Narmer, Aha
		2. " 2890-2686	
Ancien Empire	2686-2181 avant notre ère	3. " 2686-2613	Djéser
		4. " 2613-2494	Snofrou, Chéops, Chéfren, Mykérinos
		5. " 2494-2345	Unas
		6. " 2345-2181	
Période des royautés multiples	2181-2040 avant notre ère	7. " 2181-2173	
		8. " 2173-2160	
		9. " 2160-2130	
		10. " 2130-2040	
Moyen Empire	2133-1786 avant notre ère	11. " 2133-1991	
		12. " 1991-1786	Sesostris I, Sesostris II, Sesostris III, Amenemhet III
Deuxième période intermédiaire	1786-1567 avant notre ère	13. " 1786-1633	
		14. " 1786-1603	
		15. " 1674-1567	
		16. " 1684-1567	
Nouvel Empire	1567-1085 avant notre ère	17. " 1650-1567	Rahotep
		18. " 1567-1320	Ahmose, Thoutmosis I, Hatschepsout, Thoutmosis II, Aménophis III, Aménophis IV (Achenaton/Nefertiti), Toutankhamon
		19. " 1320-1200	Sethos I, Ramsès II, Merenptah, Siptah
		20. " 1200-1085	Ramsès III
Basse Époque	1085-341 avant notre ère	21. " 1085-945	
		22. " 950-730	
		23. " 817-730	
		24. " 730-715	
		25. " 751-656	
		26. " 663-525	
		27. " 525-404	
		28. " 404-398	
		29. " 398-378	
		30. " 378-341	
Période gréco-romaine	env. 332 avant notre ère jusqu'à 395 de notre ère		Cléopâtre

TABLE CHRONOLOGIQUE

La restitution chronologique de l'histoire du pays en trois empires et trente dynasties remonte au troisième siècle avant notre ère lorsqu'un prêtre égyptien du nom de Manétho en arrêta les grandes lignes avec une marge d'erreur d'environ plus ou moins 150 ans, en particulier pour les dynasties les plus anciennes.

Si deux dynasties, ou davantage, se situent dans la même période, cela tient au fait qu'elles furent reconnues simultanément dans différentes parties de l'Égypte.

LES SYMBOLES

La représentation du monde dans l'Égypte antique

LA REPRÉSENTATION DE LA TERRE COMME UN DISQUE

Comme beaucoup d'autres peuples de la planète, les Égyptiens se considéraient comme le nombril du monde. Plusieurs villes politiquement influentes, telles que Thèbes et Memphis, revendiquaient d'avoir été édifiées sur la colline originelle qui se dressait au commencement des temps au-dessus des flots originels. À cet endroit se trouvait le berceau de l'humanité, le point de départ de toute civilisation. Les Égyptiens s'octroyèrent à partir de cette conception le droit de classer les autres peuples dans la catégorie des barbares non civilisés et de considérer la région du Nil comme un territoire privilégié par les dieux.

L'illustration ci-contre qui remonte au 4 ème siècle avant notre ère est une représentation de la terre. La terre nage dans l'océan originel, représenté par le cercle extérieur. Le disque terrestre est porté par le signe Ka dans la partie inférieure centrale. Dans l'autre grand cercle, on peut voir les peuples étrangers encadrés à droite et à gauche par la déesse de l'Est et de l'Ouest. Un soleil ailé se dresse au-dessus de l'ensemble du motif. Le cercle suivant contient les symboles des 41 enseignes des différentes régions. Au centre se trouve une représentation stylisée de la région du Nil avec ses divinités, ses dignitaires et ses travailleurs.

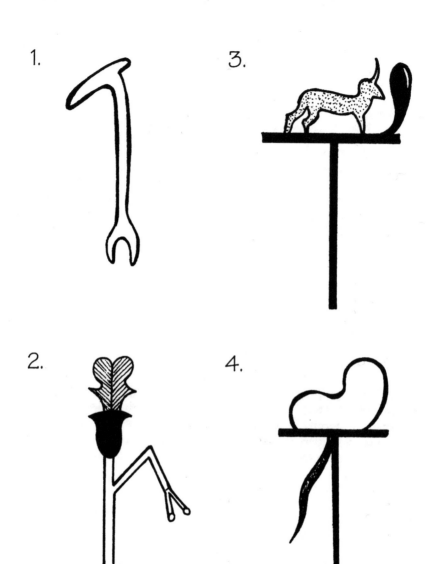

1.

3.

2.

4.

Sceptres et enseignes

16

LES EMBLÈMES DES DIEUX

Les sceptres représentent une sorte de fétiche auquel est lié un esprit protecteur ressemblant à un chien ou à un renard. S'ils sont mis dans les mains de divinités, ils symbolisent le salut et la chance. Le sceptre d'Uas représenté sur l'image 1 est composé d'un bâton fourchu se terminant par une tête de chien. Il était donné aux morts dans leurs tombes pour leur assurer la bienveillance des dieux et une vie agréable dans l'au-delà. Sur beaucoup de représentations on peut voir deux sceptres Uas portant le motif du ciel et encadrant de cette manière des inscriptions. Si le sceptre était décoré d'un ruban et de plumes, c'est qu'il s'agissait du district de Thèbes. Il était alors appelé Uaset. Le bâton-fétiche Uch, que l'on peut voir sur l'illustration 2, jouait un certain rôle dans le culte de Hathor, il représente un pilier du ciel. Ce sceptre faisait l'objet d'un culte à Kusae ; il était fait à partir d'une tige de papyrus et de deux plumes.

Les emblèmes fixés à une longue perche furent déjà utilisés à l'époque préhistorique. Ils étaient particulièrement importants dans le cadre des processions et de la vénération des rois. Quand un roi mourait, il était conduit à son tombeau avec ses enseignes. L'enseigne Upuaut, que l'on peut voir sur l'illustration 3, précédait tous les autres. Il représente un chien qui ouvre le chemin vers la divinité. Il était suivi par un ibis debout, l'animal Seth et le signe Min qui est composé d'un harpon muni d'une double pointe. Un prêtre fermait la marche ; il portait le signe Chon représenté sur la figure 4. La signification de ce signe n'est pas complètement élucidée. Il représente le placenta du roi considéré comme le frère jumeau de ce dernier et conservé à ce titre dans un récipient, ou bien le coussin du trône. En dehors des enseignes du culte du roi, il y avait aussi les insignes des districts et les enseignes de l'armée.

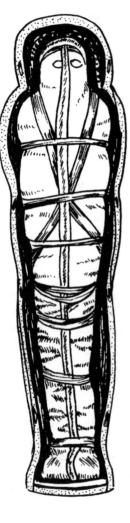

MOMIE

Comme les Égyptiens étaient convaincus que le corps, l'esprit et l'âme formaient une unité absolue, ils accordaient une grande importance à la conservation du corps physique. D'après leurs croyances, le défunt ne pouvait tout d'abord continuer à vivre que dans son enveloppe corporelle. Aussi apportait-on les plus grands soins à ce qui permettait de préparer le corps. En dépit de la complexité de la procédure d'embaumement, la momie ne représentait en définitive que l'état de métamorphose d'un être en une autre forme d'existence à l'intérieur de la spirale cosmique où s'effectue un processus sans fin de développement des êtres. Pour faciliter ce passage au défunt, son corps devaient être conservé aussi bien que possible et soumis à différents rituels censés lui garantir la vie après la mort.

Après qu'on avait enlevé ses entrailles au cadavre, le corps devait encore sécher pendant 70 jours. Cette phase de la procédure était naturellement favorisée par le climat chaud et les vents du désert. Les viscères étaient conservées dans des canopes tandis que seul le coeur restait à l'intérieur du corps dans la mesure où la pesée de cet organe était d'une importance décisive

devant le tribunal de l'au-delà. Après le séchage, l'enveloppe charnelle était alors remplie de myrrhe broyée, de caséine et d'herbes odorantes, refermée et mis dans un endroit secret pendant une nouvelle période de 70 jours. Puis on enveloppait le corps de bandelettes en lin que l'on enduisait de caoutchouc après qu'on l'eut à nouveau nettoyé. Les fonctionnaires du temple qui avaient procédé à l'embaumement, remettaient ensuite le défunt aux membres de sa famille qui le recouvraient alors d'une figure le représentant. En fonction des possibilités matérielles, le cercueil pouvait être une reproduction fidèle du défunt en trois dimensions où l'on pouvait loger la momie, ou bien un simple portrait sur une planche ou une toile. Avant que l'on remette ensuite le mort à "la maison de l'éternité", on procédait au rituel de l'ouverture de la bouche (cf p151) qui était censé lui rendre les forces de vie. Après plusieurs rituels sacrificiels censés assurer la protection du défunt dans l'au-delà, on plaçait le cercueil dans le tombeau. Les membres de la famille continuaient plusieurs années après l'enterrement à procéder à des rituels sacrificiels devant le tombeau. Les personnes issues des couches aisées s'assuraient, déjà de leur vivant, les services de prêtres destinés, après leur décès, à tenir des offices quotidiennement devant le tombeau.

L'inscription ci-contre en forme de momie symbolise aussi bien le mot lui-même que les concepts liés à la notion de transformation.

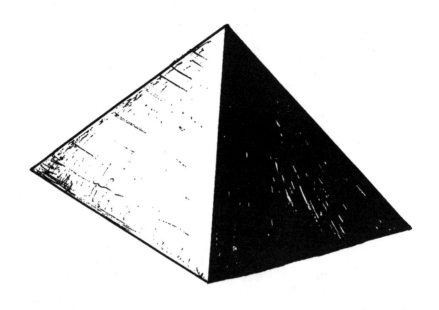

Les pyramides – collines mortuaires et stations d'énergie.

LA PYRAMIDE

Les pyramides sont assurément les traces les plus visibles de la civilisation égyptienne et elles continuent à nous renvoyer à des mystères insondables. À l'origine, elles étaient censées protéger des voleurs le tombeau qui se trouvait dans un espace enfoui sous l'édifice. Il n'est pas rare qu'on évoque cette forme d'architecture, comparable aux anciens Mastabas, comme étant liée à la symbolique de la colline originelle émergeant des eaux originelles. Les pyramides comportaient à l'origine un sommet recouvert d'or pour indiquer qu'elles étaient le lieu où se trouvait le dieu-soleil. Elles furent orientées exactement vers le Nord de manière à être dans l'alignement de l'Étoile Polaire. Comme les défunts souhaitaient pouvoir séjourner ensemble, un couloir allait dans cette direction. La chambre mortuaire se trouvait en revanche à l'Ouest, la point cardinal du royaume des morts.

C'est la pyramide principale, Chéops, qui constitue l'édifice le plus mystérieux. Souvent décrite comme un livre pétrifié, elle semble ne jamais avoir été conçue comme un tombeau. Il est aisé de montrer que la forme de cette pyramide libère en fait une sorte d'énergie destinée à maintenir la force de vie ainsi qu'un processus de conservation. On suppose par ailleurs que la grande pyramide de Guizeh était une sorte de lieu d'initiation où les personnes qui se soumettaient au rite étaient conduite à travers différents stades menant vers l'illumination. Les adeptes devaient accomplir symboliquement le chemin qui passe par la mort et permet d'atteindre l'au-delà avant de revenir vers le monde des vivants comme personne transformée.

Il est pratiquement certain que la pyramide de Chéops ne fut pas construite par le même pharaon qui, selon ce qu'en rapporte une certaine tradition, n'aurait fait qu'apposer son nom sur l'édifice. Des dépôts calcaires dûs à la présence de moules montrent que le bâtiment a forcément été sous les eaux, ce qui permet de conclure qu'il doit avoir été construit plus tôt, vers environ 10.000 avant notre ère. Beaucoup des découvertes qui y furent faites ont suscité un tel engouement que tout un département de l'université du Caire y est exclusivement consacré.

Portée comme amulette, la force de la pyramide sert à l'accomplissement spirituel et à la revitalisation.

1.

2.

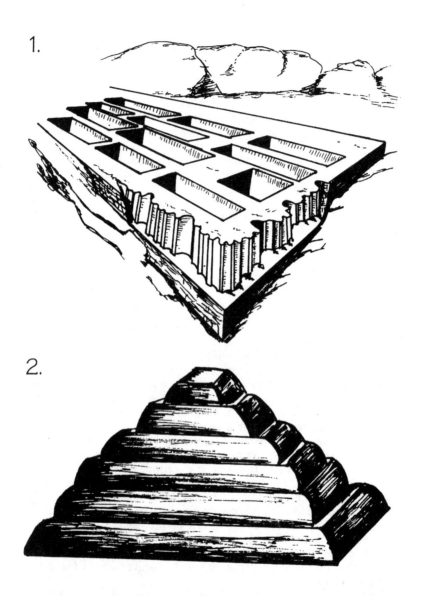

La forme première des pyramides

MASTABA (1)

Les mastabas constituent la forme première que revêtirent les pyramides construites ultérieurement. Ce mot trouve son origine éthymologique dans le mot arabe qui signifie "banc" et se réfère à la forme carrée de cette construction. À l'origine, les mastabas furent construits en briques d'argile et à partir d'éléments en bois. Leur forme, un carré aplati, symbolise la colline originelle qui émergea des flots originels et rendit possible la vie sur terre. Les défunts y reposaient dans une chambre mortuaire placée au centre de la construction. Les espaces destinés à recevoir des provisions entouraient symétriquement la tombe installée souterrainement. Ils contenaient aussi des récipients à vin et des objets usuels. Les "maisons de l'éternité" comprenaient également des espaces vides prévus pous les défunts ainsi que des toilettes et des baignoires. Dans la mesure où les morts se trouvaient à l'état éthérique, les portes étaient superflues et il n'y avait pas non plus de couloirs. Sur la partie Est, on avait néanmoins représenté une porte dessinée sur la paroi pour permettre au défunt de pouvoir sortir afin d'accueillir les offrandes qu'on venait lui apporter. Cet espace d'offrande se trouvait entre le mur d'enceinte et le bâtiment principal. Les constructions de ce type commencèrent à voir le jour dès la première dynastie.

LES PYRAMIDES À DEGRÉS DE SAQQARA (2)

Ces pyramides à degrés sont souvent désignées comme étant des mastabas. Leur forme symbolise d'ailleurs aussi la colline originelle. La pyramide de Saqqara est constituée de six mastabas empilés les uns sur les autres rétrecissant vers le sommet. C'est avec ce monument que s'amorça l'architecture en pierre dans l'Égypte de l'Ancien Empire. Le gigantesque tombeau du roi Djéser s'étendait en souterrain et contenait une multitude de chambres mortuaires.

Parure avec griffon

GRIFFON

Le dessin ci-contre représente le détail d'une parure sur lequel le pharaon, représenté sous la forme d'un griffon, piétine les ennemis de l'Égypte. Jadis, le roi était représenté sous la forme d'un lion à tête de faucon. Le lion était à l'instar du faucon un symbole solaire. Le griffon était une fusion des deux entités de feu en un animal mythique invincible. Les souverains aimaient ainsi se faire représenter sous forme de griffon posant comme vainqueur.

La signification des animaux symboliques évolua : ces derniers devinrent des démons protecteurs tirant le char du chasseur en lutte contre les entités des ténèbres. Ultérieurement, à l'époque romaine, les divinités Horus et Rê revêtirent elles aussi l'aspect d'un griffon.

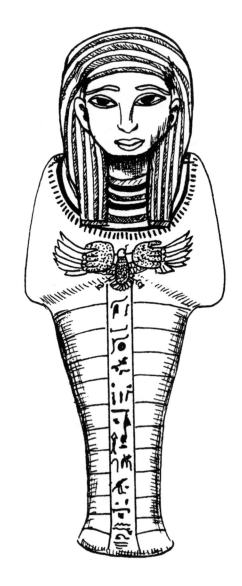

Serviteur de l'au-delà

USCHEBTI

Les figures en forme de momies furent attribuées aux morts à partir du Moyen Empire. Considérées comme des serviteurs animés magiquement, elles étaient censées prendre au mort le travail d'expiation dont il avait à s'acquitter dans l'au-delà. Le nom d'Uschebti signifie "celui qui répond", car le mort devait pouvoir répondre à toute sollicitation à n'importe quel moment en répondant :"Je suis là". On a trouvé jusqu'à 365 figures de ce genre dans certains tombeaux, c'est à dire une pour chaque jour. Afin que ces représentations du mort puissent mieux effectuer leur travail, ils tenaient fréquemment des outils dans leurs mains ou ces derniers étaient peints dessus. Ils portaient en outre un petit sac de semailles de céréales dans le dos.

Les idéogrammes de l'homme, de la femme et de l'enfant

L'HOMME, LA FEMME ET L'ENFANT

1. Pour restituer l'être complet d'une personne, celle-ci était représentée dans cette position de repos. Ce hiéroglyphe désigne donc le mot "homme". L'homme est traditionnellement représenté assis sur son pied tandis que l'autre jambe est relevée. Les bras sont représentés de manière détendue et les mains comme des poings dans un geste de saisie pour exprimer la virilité.

2. Le hiéroglyphe de la femme, qui décrit aussi bien la personne elle-même que la féminité en général, montre une représentation latérale complète. La perruque et le vêtement dont elle est complètement recouverte et qui donne sa forme au hiéroglyphe de la divinité, sont tout à fait caractéristiques. Ce signe incarne la représentation idéale de la femme égyptienne : une silhouette mince affichant un comportement retenu et vertueux. Quand les femmes étaient représentées dans la sphère publique, c'était toujours en relation avec leurs activités ménagères et maternelles.

3. Cet idéogramme montre un petit enfant mettant son pouce à la bouche. Il correspond au mot "enfant". Sa posture indique qu'il est assis sur les genoux de sa mère. Les égyptiennes entretenaient une relation particulièrement étroite avec leurs enfants en leur donnant le sein jusqu'à l'âge de trois ans. Dans la mesure où le lait était considéré comme un important moyen de prévention contre les maladies, on donnait les enfants à des nourrices quand la mère n'avait plus suffisamment de lait.

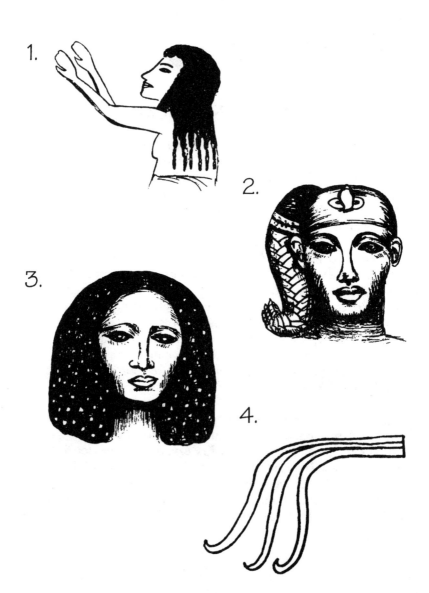

Des coiffures aux significations différentes

COIFFURES

Les coiffures servaient dans l'Égypte antique à exprimer la personnalité, le rang social ou certains états de conscience. C'est ainsi que les membres de la prêtrise se rasaient complètement le corps et la tête pour manifester leur soumission aux dieux. Les femmes sur le point d'accoucher attachaient leurs cheveux sous la forme de deux tresses qu'elles ramenaient sur le dessus de la tête afin de concentrer l'énergie magique de leurs cheveux.

1. Une coiffure avec les cheveux libres était considérée comme indécente et n'était en fait tolérée que comme signe de deuil, comme c'est le cas de la figure représentée ci-contre. En revanche, les cheveux libres étaient particulièrement appréciés chez les musiciennes et les danseuses comme manifestation érotique.

2. La couette de côté portée sur un crâne rasé était un symbole de jeunesse caractéristique des adolescents des milieux riches. C'est aussi un symbole d'éternelle jeunesse.

3. On pouvait reconnaître les hauts fonctionnaires et les membres de la cour au fait qu'ils portaient des perruques. En outre, les Égyptiens associaient cet accessoire à une sorte de passion érotique. Les femmes utilisaient les coiffures artificielles pour renforcer leur pouvoir d'attraction sur les hommes. À certaines occasions, lors de réceptions, elles portaient sur la tête des cônes contenant des onguents parfumés qui fondaient quand ils étaient exposés à la chaleur, et débordaient ainsi sur les épaules. Le dessin ci-contre montre une tête de femme sculptée sur laquelle repose une perruque décorée de perles en or.

4. Le hiéroglyphe désignant le mot "cheveux" se compose de trois mèches de cheveux. Il était utilisé dans les expressions complexes relatives au deuil ou au caractère d'une personne.

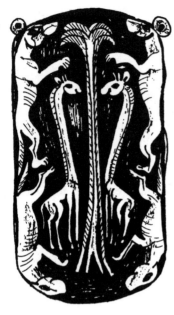

Ustensile cosmétique destiné aux dieux

LA PALETTE À MAQUILLAGE

La palette ci-contre (intérieur et extérieur) provient de la période prédynastique et montre la forme que revêtait l'écriture dans sa forme antérieure à l'apparition des hiéroglyphes. La plaque en ardoise servait probablement à broyer le maquillage des yeux sur les portraits des dieux.

Les quatre chiens en train de sauter, qui se trouvent sur les deux faces de la plaque, incarnent les quatre points cardinaux. Le palmier, qui est entouré par deux girafes (1), est considéré comme le symbole de l'annonciation d'une agréable période de paix, même si la girafe était aussi perçue comme le symbole de la perspicacité et de la prédiction. Sur la face antérieure de l'objet (2), on peut voir un renfoncement destiné à la couleur, protégé par un puissant lion, un animal mythique et un ibis sacré.

LES HIÉROGLYPHES

L'écriture de l'Égypte antique correspond à une combinaison d'éléments pictographiques d'une part et de symboles écrits contenant un signe phonétique ou phonème d'autre part. Cette combinaison rendit particulièrement difficile le déchiffrement des hiéroglyphes. Le fait que certains signes aient plusieurs significations et que certaines figures puissent faire l'objet d'associations inhabituelles constitua une difficulté supplémentaire. Ce n'est qu'à partir de la compréhension approfondie de la mythologie égyptienne et de la conception du monde qui régnait en Égypte qu'il fut finalement possible d'effectuer un déchiffrement des hiéroglyphes.

Le sens de la lecture des hiéroglyphes se faisait en général de droite à gauche. Dans la mesure où les signes n'indiquent que le phonème des consonnes et qu'aucune voyelle n'était prise en compte, on ne peut au mieux que supposer la prononciation des mots de la langue de l'Égypte antique.

En définitive, on peut classer les hiéroglyphes en trois catégories :

1. Les idéogrammes, ou signes-mots, qui sont des représentations stylisées d'objets et qui ne contiennent aucune valeur phonétique. De telles images peuvent apparaître toute seules ou être composées de deux idéogrammes différents.

2. Les signes phonétiques, ou homophones, qui se rapportent à l'élément phonétique parlé d'un mot. C'est ainsi que les représentations imagées peuvent être utilisées pour écrire d'autres mots qui se trouvent dans un contexte de subordination avec les premières.

3. Les déterminatifs qui étaient souvent ajoutés aux pictogrammes afin d'indiquer clairement ce à quoi ils se rapportaient. C'est ainsi qu'on rajoutait par exemple aux noms des villes le signe indiquant la notion de ville.

Seuls les signes représentant une divinité constituent de véritables symboles dans l'écriture en hiéroglyphes.

QUELQUES HIÉROGLYPHES

1. **1.** L'image du pot d'onguent signifie "graisse", "huile" et "onguent" ou "crème". De tels récipients contenaient traditionnellement les sept huiles sacrées qui étaient utilisées dans le cadre du culte des divinités et des inhumations. Par ailleurs, les Égyptiens utilisaient volontiers des crèmes pour hydrater leur peau dans le climat extrêmement sec du désert.

2. La figure 2 se rapporte à un récipient d'eau pour les rituels. Il était utilisé dans le contexte des cérémonies religieuses de purifications et des libations.

2.

3.

3. Ceci constitue l'un des plus anciens hiéroglyphes. Il correspond au mot "ville" et se compose d'un croisement de chemins entouré d'un mur d'enceinte fortifié.

4. Le hiéroglyphe représentant de manière stylisée l'extrémité d'un pain signifie aussi "donner" car le pain jouait un rôle important dans les cérémonies d'offrande.

4.

5.

5. L'idéogramme du mot "terre" se rapporte aux riches terrains alluviaux le long du Nil. Il se compose de la représentation d'une île et de trois grains de sable.

6.  6. La lune est représentée sous la forme d'un croissant ou par une combinaison d'un croissant lunaire (toujours horizontal) et de la pleine lune.

7. Trois montagnes stylisées représentent les pays vallonnés ou montagneux, 7. 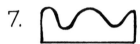 mais aussi le désert, et désignent en même temps les autres pays, l'étranger : en fait toutes les régions qui se trouvaient à l'extérieur du Nil étaient considérées comme étrangères et hostiles.

8.  8. Le hiéroglyphe relatif au mot "ciel" est une représentation stylisée de la déesse du ciel Nout.

9. Des jambes qui marchent vers la droite désignent le verbe marcher. 9.

10. 10. Des jambes allant vers la gauche désignent la notion de retour ou de retraite.

1.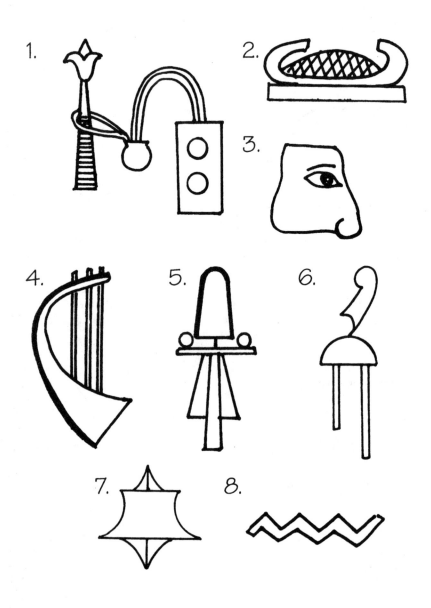

2.

3.

4.

5.

6.

7.

8.

AUTRES HIÉROGLYPHES

1. Un instrument d'écriture désigne celui qui écrit ou le processus d'écriture.

2. Le hiéroglyphe pour le mot "pêcheur" se compose d'un bateau de pêche stylisé et d'un filet de pêche.

3. L'image représentant un nez se rapporte à tout ce qui a affaire au nez, à l'odorat et à la joie. L'importance particulière de ce signe tient au fait que c'est l'organe par lequel pénètre le souffle de vie. C'est ainsi que l'on essayait par exemple, en cassant le nez de certaines statues, d'empêcher certaines personnes détestées d'accéder à la vie dans l'au-delà après leur mort.

4. La harpe était l'instrument de musique préféré des Égyptiens. Les musiciens formèrent de véritables dynasties au sein desquelles la capacité à jouer de cet instrument était enseignée à leurs descendants.

5. Le symbole de l'Est.

6. Le hiéroglyphe de l'Ouest désigne aussi les peuples de l'Ouest.

7. Ici on peut voir le signe correspondant au vent.

8. L'idéogramme de l'eau.

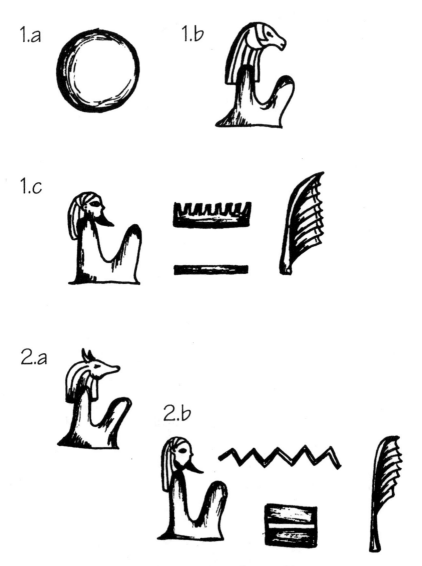

1.a

1.b

1.c

2.a

2.b

L'écriture d'Amoun et d'Anubis en idéogrammes
et en signes phonétiques

LES DIFFÉRENTES ÉCRITURES
DES NOMS DES DIVINITÉS

1. Le signe du dieu Amon

1a. Quand Amon était représenté comme corps céleste, il suffisait de dessiner un disque solaire pour écrire son nom.

1b. Dans beaucoup d'endroits, et en particulier là où on vouait un culte aux divinités à tête de bélier, le signe d'Amon était composé des symboles dont on se servait pour représenter le dieu et le bélier.

1c. Si l'on voulait écrire le nom de dieu en lettres, cette image comportait le phonème "amn" = Ammou/Amun.

2. Les symboles du dieu Anubis

2a. Une tête de chacal à laquelle on ajoutait le symbole du dieu universel, constituait le signe-mot renvoyant à la notion de dieu.

2b. Dans l'écriture homophonique, on utilisait ces hiéroglyphes, ou d'autres qui étaient proches, pour obtenir en l'occurrence le phonème "anp". On est pratiquement sûr de la prononciation d'"Anubis" car les écrivains contemporains appartenant à d'autres peuples avaient déjà fixé le nom de ces divinités dans leur propre langue. Ce sont d'ailleurs précisément leurs récits qui rendirent possible le déchiffrement des hiéroglyphes.

LES SYMBOLES DES RÉGIONS DE LA BASSE ÉGYPTE

Les 20 symboles présentés ci-dessous correspondent aux 20 régions agricoles situées en Basse Égypte et à leurs administrations respectives. Ces symboles se trouvent aussi bien sur les drapeaux que sur les têtes des dieux à face humaine de chaque région que l'on pouvait voir dans les temples.

1.

1. Le signe de la capitale Héliopolis qui veut dire "sceptre intact".

2.

2. Cet insigne régional écrit en lettres signifie : le lieu du trône, Behdet.

3.

3. Anezti, le dieu de la région dont la capitale est Busiris.

4.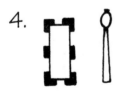

4. Les armoiries de la capitale Memphis se compose de deux idéogrammes désignant les notions de "mur" et de "blanc".

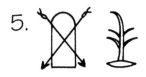

5. L'écusson de la déesse Neith est combiné avec un jonc pour désigner la région sud.

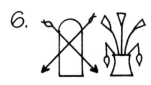

6. La province du nord est représentée par la combinaison de la plante du papyrus avec l'écusson de Neith.

7. La capitale Bubastis de la région "Fils du roi, Nome de devant". Le signe qui signifie "devant" se compose de trois pieds de jarres reliés ensemble.

8. Le harpon représenté de manière stylisée à côté du bateau et le symbole signifiant l'Ouest symbolisent la région occidentale.

9. La région de l'Est est représentée par un bateau avec un harpon et le symbole de l'Est.

10.

10. L'écusson de la région du "Nome oriental du devant" se compose du symbole des pieds de jarres (devant) et de celui de l'Est.

11.

11. L'écusson de la capitale Letopolis emprunte sa forme à une culotte de bovin qui fut utilisée à l'origine pour faire des offrandes.

12.

12. Le district du "Taureau Heseb".

13.

13. Le "Taureau noir" est le symbole de la capitale Athribis.

14.

14. La capitale Sebennytos a pour symbole "la vache avec son veau".

15.

15. Le district "le taureau de montagne" comporte les hiéroglyphes de la montagne et du taureau.

16. 16. Le faucon assis est l'animal sacré du dieu de la région Sopdu qui porte le même nom.

17. 17. Les symboles du fils de dieu et du "Nome de l'Arrière"   désignent la capitale et les terres de Tanis. Le mot "fin" est indiqué par un hiéroglyphe qui correspond à la partie arrière d'un animal.

18. 18. Le symbole de l'Ouest est celui du "Nome Occidental".

19. 19. La capitale Hermopolis avait l'ibis sacré pour écusson.

20. 20. Le poisson Lepidotos était l'emblème de la capitale Mendès dont la déesse était représentée avec un poisson sur la tête.

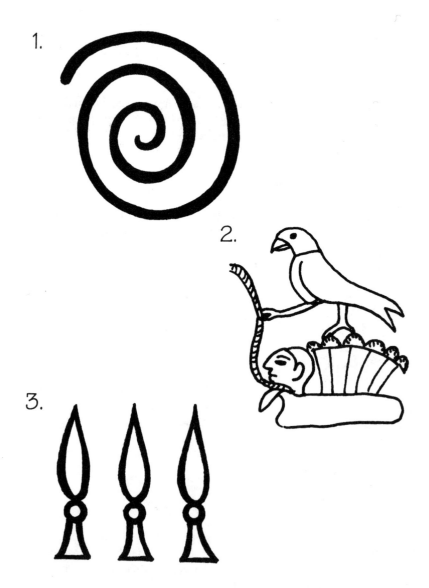

1.

2.

3.

Spirale, corde et cheker comme symboles

SPIRALE, CORDE ET CHEKER COMME SYMBOLES

On trouve des ornements en forme de spirale sur de nombreux objets de l'Égypte antique. À l'origine, cette forme était associée à un serpent enroulé. Souvent utilisée sur des amulettes comme symbole de protection, la spirale symbolise la ligne de vie dans le cycle du devenir et de la disparition. Cette forme indique également la dynamique du développement continuel qui s'effectue au cours des cycles de vie successifs.

2. Les cordes sont associées, aussi bien dans le domaine terrestre que dans le domaine magique, à l'état d'assujettissement. Le dessin montre Horus qui tient en captivité, par des cordes, le peuple du pays des plantes à papyrus. On représentait souvent les cordes sous forme de serpent quand il s'agissait de tenir un ennemi en captivité. Quand les amulettes étaient portées sous la forme d'une corde nouée, c'est qu'il s'agissait de se protéger d'un sort qui y était contenu et que l'on tenait ainsi emprisonné.

3. Les symboles décoratifs comportant des chekers étaient peints sur de nombreux temples et sur de nombreuses parois de chambres sépulcrales. Ils sont dirigés vers le haut, pointant la maison divine originelle à partir de laquelle les divinités régnaient sur le pays au commencement des temps.

LA SIGNIFICATION DES COULEURS

Le mot "couleur" servait aussi à désigner l'"être" d'un objet ou d'un être vivant. L'attribution d'une couleur se rapportait toujours aux propriétés de la personne représentée. C'est ainsi que dans l'art égyptien classique, les corps masculins étaient peints avec une couleur brune très forte, tandis qu'on peignait les femmes avec des tons d'un jaune assez clair. On avait recours à l'orange pour les hommes quand il s'agissait de restituer ainsi l'âge et la fragilité.

Le blanc : La couleur blanche était considérée comme l'expression de la sainteté et de la joie. On avait recours au blanc comme couleur de la pureté pour les objets et les bâtiments sacrés. Le blanc symbolisait la force cosmique et la lumière pure d'origine divine.

Le noir : Il s'agit en quelque sorte d'une couleur antinomique du blanc représentant donc les forces du monde des profondeurs. C'est ainsi qu'on habilla le dieu des morts, Anubis, d'une fourrure noire. Cette couleur devint le symbole du sol originel vers lequel toute vie doit retourner et en renaître. C'est pour cela que l'on peignait des images du dieu de la fertilité, Min, en utilisant en général le noir comme symbole de renaissance.

Le rouge : Cette couleur avait une signification très ambivalente dans l'Égypte antique. Elle était d'une part appréciée pour ses vertus stimulantes et son rayonnement de vitalité, mais par ailleurs, elle était associée au sang et à la colère, ce qui renvoyait aux actions de sacrifices et de mise à mort. Comme le dieu Seth avait des yeux et des cheveux rouges, le rouge fut aussi relégué dans le domaine du Mal et de plus en plus perçu comme l'expression même du danger. On contribuait à la destruction de Seth en sacrifiant des bovins de couleur rouge, voire, comme ce fut le cas dans des temps très reculés, en sacrifiant des personnes qui avaient un teint de peau roux.

Le vert : Contrairement au rouge, le vert symbolisait le Bien en général. La couleur de la végétation et de la nouvelle vie bourgeonnante promettait joie et protection. C'est ainsi que le dieu Osiris à la peau verte était vénéré comme "le Grand vert", symbole de renouveau.

Le bleu : Cette couleur indique la dimension divine d'un être. C'est ainsi qu'on attribua une couleur de la peau bleue au dieu originel Amon comme expression de l'infinité du cosmos. Les autres dieux portaient des perruques et des barbes de couleur bleue pour signifier leur origine divine.

Le rouge et le blanc : Combinées, ces deux couleurs étaient considérées comme le symbole de la perfection. C'est ainsi que la double couronne – composée d'une couronne blanche (qui était en réalité faite de roseau vert) représentant la Haute Égypte, et la couronne rouge de la Basse Égypte, constituait le symbole de l'unité et de la perfection.

LES DIVINITÉS

Amon et Aker

LES DIEUX ORIGINELS : AMON ET AKER

En ce qui concerne le dieu Amon, (figure 1), nous avons affaire à une sorte de dieu originel doté d'une apparence humaine et quelque peu abstrait. Il a souvent été associé au souffle du vent et son nom signifiait "celui qui est caché". Avec sa compagne, Amaunet, il formait le couple des dieux originels.

Il était associé dans son aspect extérieur et comme dieu de la fertilité au bélier. Mais on lui attribua aussi l'oie et le serpent comme animaux sacrés.

Il faut voir le dieu Amon plutôt comme une entité supérieure, l'âme de toute chose et de tous les êtres, la somme de toutes les existences.

Dans le Nouvel Empire, Amon fut élevé au rang de dieu impérial, il reçut de surcroît l'aspect du roi soleil Rê et fut appelé Amon Rê. Le temple de Carnac constitue son sanctuaire le plus important, c'est là qu'on le vénérait en compagnie du fils de la lune, Chons, et de la déesse Mout.

2. Le dieu de la terre, Aker, est représenté par une bande de terre qui se termine par des têtes d'hommes ou de lions. Le Dieu porte la barque solaire pendant son voyage nocturne à travers son empire des ténèbres. Les battants du dieu Aker, qui constituent les portes d'accès au monde souterrain, sont gardées par les deux lions. L'un des deux animaux regarde en direction de l'Ouest, dans la direction où se trouve l'empire des morts et où le soleil commence sa trajectoire nocturne. L'autre lion regarde vers l'Est où le soleil revient de son périple souterrain.

1.

2.

3.

Anubis

LE DIEU DES MORTS ET GARDIEN DES MOMIES : ANUBIS

Dans l'Égypte antique, les chacals n'étaient pas très appréciés du fait de leur tendance à s'en prendre aux tombeaux afin d'en déterrer les cadavres. En se mettant à les déifier, on espérait probablement mettre un terme à leurs penchants naturels. Et c'est ainsi qu'on attribua au dieu des morts, Anubis, une tête de chacal ou de chien. Les vagabondages nocturnes de ces animaux à la recherche de leur pitance entre les tombes faisaient en effet supposer aux Égyptiens qu'ils protégeaient les morts pendant la nuit.

1. Cette fresque montre Anubis, le dieu protecteur des momies, sous une forme humaine avec une tête de chien. Les prêtres des cérémonies de momification prenaient cet aspect comme modèle et portaient des masques de chacal en argile peint, car ce dieu était considéré comme le spécialiste de la momification. Anubis était à l'origine le protecteur des momies contre les mauvais esprits. Ultérieurement, alors qu'Osiris fut élevé au rang de dieu des morts, Anubis devint un serviteur conduisant alors la pesée des coeurs devant le tribunal des morts.

Des chiens et des chacals, qui étaient considérés comme des animaux sacrés, furent aussi momifiés après leur mort et placés dans les annexes du temple.

2. Le hiéroglyphe du dieu Anubis signifie "mis à la première place de tous les mystères". Le dieu est représenté ici posé allongé sur un mystérieux coffre. Ce dernier est certainement à mettre en relation avec le sarcophage ou avec les vases-canopes dans lesquels les entrailles étaient conservées.

3. Une autre écriture présente Anubis sous la forme d'une personne à tête de chien. Ce hiéroglyphe peut en fait aussi se rapporter à d'autres dieux à l'aspect de chien comme Upuaut, le dieu de Assiut, ou Chontamenti d'Abydos.

1.

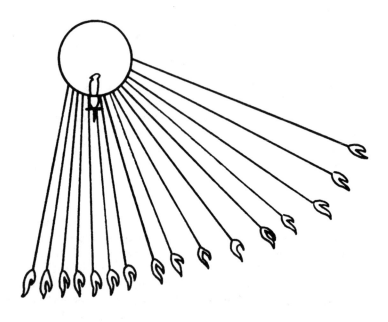

2.

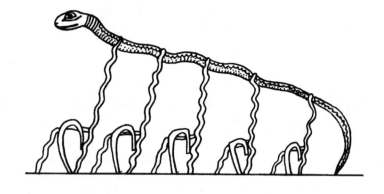

Aton (1) et Apophis (2)

LES FORCES DE LA LUMIÈRE ET DES TÉNÈBRES : ATON ET APOPHIS

1. À l'origine, c'est le disque solaire lui-même qui fut désigné comme étant Aton. Ultérieurement, Aton fut considéré comme une manifestation du dieu du soleil Rê et représenté sous la forme d'un homme à tête de faucon. Le roi Aménophis changea son nom en Achénaton ("cela plaît à Aton") et éleva Aton au rang de divinité unique. Il fit en sorte que Aton soit représenté sous la forme d'un disque solaire doté de bras et de mains et qu'il porte le symbole de la clé de vie. Cette image d'Aton survécut au règne de celui qui l'avait institué.

2. Le gigantesque serpent-démon Apophis servait de pendant à la représentation de la lumière : c'était le symbole des forces obscures. D'après le mythe, Apophis attaque le vaisseau solaire à chaque lever et coucher de soleil. Le sang du démon blessé se répand alors dans le ciel qui devient rouge. Il ne tente pas moins de renouveler son forfait chaque jour, mais il est vaincu à chaque fois. Souvent on assimilait Apophis à Seth, l'ennemi des dieux et le souverain des forces destructrices.

Atoum

𝖸 𝖸 𝖸 𝖸 𝖸 𝖸 𝖸 𝖸 𝖸 𝖸 𝖸 𝖸

LE CRÉATEUR ORIGINEL : ATUM

Le dieu Atum fut vénéré à Héliopolis comme étant le dieu créateur qui s'était auto-engendré. Il incarnait le chaos informe des temps originels, le fond terrestre original dont toute existence est issue et auquel tout retourne. Son image est donc aussi à mettre en relation avec l'ensemble des manifestations de la nature et du règne animal. Le mythe dit que Atum créa avec l'aide de sa contrepartie féminine, par un auto-accouplement, les dieux Schu (l'air) et Tefnut (l'humidité) dont sont issus à leur tour les principaux dieux égyptiens. Dans certaines représentations, Atum et sa main le masturbant sont présentés comme un couple de dieux. Dans le livre des morts, Atoum évoque le fait qu'il détruira un jour sa création et qu'il revêtira à nouveau la forme du serpent original. Des dynasties ultérieures associèrent le dieu à l'origine de la monarchie et l'intégrèrent au cycle solaire. Il représente ici le dieu vieilli qui, chaque soir, va se coucher fatigué avant de renaître le jour suivant.

Ba, l'oiseau-âme.

LE SYMBOLE DES FORCES DE L'ÂME : BA

Le dieu Ba incarne la puissance invulnérable de l'âme. À une époque très reculée, Ba fut assimilé à la manifestation et à l'esprit d'un dieu. C'est ainsi que le Phénix d'Héliopolis et Apis de Memphis furent respectivement considérés comme le Ba du dieu Rê et d'Osiris. Les rois disposaient à travers Ba, et au-delà de leurs forces personnelles, de sa dimension souveraine et divine.

Ce n'est qu'à la fin de l'Ancien Empire que cette force fut octroyée à tous les humains. Les peintures du Nouvel Empire montrent souvent l'oiseau Ba assis sur un arbre planté à proximité de tombeaux. Il symbolise les forces psychiques qui dominent l'âme, l'esprit et le corps et permettent à l'individu de se manifester sous la forme souhaitée.

Le hiéroglyphe de Ba (figure du bas de la page) représente une cigogne africaine et contient le phonème "bz" ou "b". Il est en général traduit de manière erronée par la notion d'"âme". En fait, sa signification est à comprendre de manière beaucoup plus large comme on peut le voir à partir de la description que nous venons d'en faire. On ignore totalement pourquoi Ba a été assimilé à une cigogne africaine. La représentation de Ba sous la forme d'un oiseau s'explique en revanche par le fait que les Égyptiens s'imaginaient que la partie immortelle d'un être monte au ciel après la mort afin d'y exister sous un autre aspect.

1.

2.

Bastet et momie de chat

LA DÉESSE À L'APPARENCE DE CHAT : BASTET

Dans l'Ancien Empire, il n'y avait aucune représentation de chats domestiques. En revanche, il existait des représentations de chats sauvages tels que le chat d'Héliopolis qui tue le serpent Apophis dans le livre des morts. Ce n'est qu'à partir du deuxième millénaire avant J-C que le chat trouva sa place comme animal domestique dans la vie quotidienne des égyptiens. Cet animal devint alors très aimé et fut placé sous la protection de tabous. Ils faisaient l'objet d'un culte après leur mort et étaient donc momifiés. En tant qu'ennemi d'Apophis, le chat fut élevé au rang d'animal sacré du dieu soleil. Les chats mâles étaient considérés comme son incarnation et les chattes furent assimilées à l'oeil du soleil. C'est pourquoi beaucoup de figures représentant des chats portent un scarabée sur la tête ou sur la poitrine comme symbole du soleil levant.

Dans la ville du delta, Bubastis, la déesse-chatte Bastet était vénérée depuis l'Ancien Empire comme étant une manifestation plus douce de la déesse à tête de lionne, Sekhmet. Son animal sacré était un chat sauvage. Bastet était considérée comme la mère du dieu-lion Miysis qui portait aussi le surnom de "seigneur du carnage". Il était d'ailleurs interdit d'aller à la chasse au lion lors des jours de fêtes de la déesse. Même si elle fut encore représentée au début avec une tête de lion, ses traits du visage devinrent au fil du temps de plus en plus doux et sympathiques pour finalement constituer l'autre moitié de Sekhmet. C'est alors que Bastet devint une figure féminine à tête de chat ou sous la forme d'un chat assis (figure 1). Elle régissait le domaine ménager des femmes dont font partie l'amour et la joie.

La figure 2 montre la momie d'un chat-Bastet de l'époque la plus récente de la civilisation égyptienne ; elle est enveloppée soigneusement dans de fines bandelettes de lin.

L'esprit protecteur Bès

LE NAIN BÈS : L'ESPRIT PROTECTEUR

La figure de Bès, l'esprit protecteur du foyer, était particulièrement aimé par les gens simples. Il faisait partie d'une multitude d'êtres à l'aspect de gnomes qui protègent le domaine privé et permettent de se défendre contre toutes sortes de démons maléfiques. Leur habillement était constitué d'une peau de lion ou de panthère qu'ils portaient sur le dos. On peut aussi trouver des formes ailées de Bès remontant à la 18ième dynastie. L'esprit est souvent représenté avec la croix Ankh (en haut à gauche) comme symbole de protection et il porte divers objets sur lui qui concernent ses missions. Les couteaux servent à éloigner les démons et les animaux dangereux, les instruments de musique sont censés susciter les faveurs des dieux et les réjouir, et chasser en outre les démons. Aha, "le combattant", était une manifestation particulière de Bès. On le voit souvent combattre des serpents ou des gazelles soumises à Seth.

À l'origine, ces gnomes avaient pour mission de protéger les naissances et les maisons contre les animaux dangereux. Plus tard, leur domaine d'intervention s'étendit à de nombreux objets ménagers. C'est ainsi qu'on trouve des représentations de Bès sur des oreillers afin de protéger le sommeil, sur des miroirs et des cosmétiques pour se défendre des mauvais regards. On comprend mieux dès lors son appartenance à la suite de Hathor qui était entre autre responsable de la beauté féminine.

Chnum

𝜓 𝜓 𝜓 𝜓 𝜓 𝜓 𝜓 𝜓 𝜓 𝜓 𝜓 𝜓

LE DIEU DE LA FERTILITÉ ET DE LA CRÉATION : CHUM

L'illustration 1 montre le dieu à tête de bélier Chnum dans sa particularité de dieu créateur au moment de la création d'un prince et de son Ka à l'aide d'un tour de potier. À partir de l'une des figures, il façonne le corps physique du nouvel être humain qu'il envoie ensuite sous forme de semence dans le ventre de la mère. L'autre figure est créée pour être le Ka de l'Homme ; il s'agit de sa partie immortelle, son corps subtil qui naît en même temps que lui. Chnum était considéré aussi comme un être facilitant les naissances, à l'instar de la déesse à tête de grenouille, Heket. C'est en particulier dans la ville méridionale d'Esne que ce dieu fut vénéré comme le créateur de tous les êtres. Dans la mesure où sa forme rassemblait plusieurs divinités-bélier, il fut parfois représenté avec quatre têtes symbolisant les quatre domaines de son pouvoir : le ciel, l'air, la terre et le monde souterrain.

Chnum avait une forme de bélier qu'il n'abandonna au profit d'une forme humaine qu'à la fin de l'Ancien Empire. Sa mission de gardien du Nil consistait aussi à maîtriser les inondations annuelles, à favoriser les récoltes et à endiguer les famines.

La forme de bélier de Chnum provient d'une race de mouton qui disparut d'Égypte il y a déjà très longtemps. D'innombrables animaux furent momifiés dans la nécropole du bélier sacré à Éléphantine et placés dans des sarcophages dorés.

2. L'idéogramme correspond au dieu Chnum. On le trouve parfois aussi sous la forme d'un bélier debout.

Chons

LE FILS DE LA LUNE : CHONS

La représentation qui montre le fils de la lune, Chons, sous la forme d'une momie avec les jambes se touchant et une queue de cheval sur la tête est tout à fait caractéristique (cf p. 30). Cette sculpture montre le dieu de Thèbes avec ses symboles de souveraineté, le fléau et la crosse dans les mains. En revanche, il n'a pas les parures de tête habituelles que sont le disque lunaire et la serpe. Chons était le fils d'Amon et de Mout et fut baptisé "le voyageur" car il traversait le ciel la nuit. Pour représenter la figure du soleil de la nuit qu'il incarnait, on le trouve aussi avec une tête de faucon.

Chons fut extrêment vénéré par le peuple comme oracle et comme protecteur contre les maladies. C'est ainsi que plusieurs fresques le montrent en compagnie de Horus, debout sur des crocodiles. Le fils de la lune était aussi considéré comme une manifestation de Horus adolescent.

Ce type de rapprochements reposaient sur la conception qui prévalait en Égypte et selon laquelle le temps n'est pas un processus linéaire mais plutôt que les choses se déroulent en définitive dans une certaine concomitance. C'est pour cela qu'il était possible de faire appel à tout instant aux différents âges d'un dieu qui constituaient autant d'aspects de sa personnalité.

Duatmufed, Kebehsemuf, Amset et Hapi

LES URNES DE CONSERVATION DES ENTRAILLES : DUATMUFED, KEBEHSEMUF, AMSET ET HAPI

Quatre canopes contenant les entrailles des défunts accompagnaient ces derniers dans leur tombeau. Les entrailles étaient elles aussi embaumées comme les momies car c'était une condition indispensable pour leur renaissance après la mort. Ces quatre urnes incarnaient les quatre fils d'Horus et étaient censés conduire les morts dans le royaume céleste car ils indiquaient en outre les quatre points cardinaux. Ils devaient aussi protéger ces derniers contre la faim et la soif précisément en remplissant les fonctions des différents organes qu'ils contenaient.

C'est ainsi qu'Amset, qui avaient l'apparence d'un humain, était placé au sud et contenait l'estomac et l'intestin. Duatmufed, le gardien de l'Est à tête de chacal, contenait le coeur et le poumon. Kebehsemuf emportait avec lui le foie et la vésicule soigneusement enveloppés dans des bandelettes. C'est le fils de dieu à tête de faucon. Hapi, portant une tête de singe, s'occupait des organes secondaires.

Hah

LE DIEU DE L'INFINI : HAH

On peut voir Hah agenouillé sur le symbole de l'or ; il incarne la profusion (cf p. 153). Le hiéroglyphe correspondant désigne d'ailleurs aussi le nombre du million (cf p. 129).

Son attribut est une branche de palmier sculptée qui symbolise le décompte des ans et indique le grand nombre des années de bonheur auquel ce règne est associé. En tant qu'incarnation de la multitude, ce dieu n'apparaît que rarement seul et figure le plus souvent en groupe avec d'autres Hah. Leur communauté représente une sorte de multiplication du dieu de l'air Schu et désigne le caractère infini du dieu. Hah représente l'infinité du temps et ses bras levés symbolisent qu'il porte le ciel.

1.

2.

Hathor

ŲŲŲŲŲŲŲŲŲŲŲŲ

LA DÉESSE DES PROFONDEURS CÉLESTES : HATHOR

Le culte de la déesse Hathor était largement répandu et remonte même à une époque antérieure à la période prédynastique. À l'origine elle était vénérée comme vache céleste, la mère originelle et nourrice céleste. Incarnation de la perfection féminine, on attribua ultérieurement à la déesse originelle l'apparence d'une femme qui portait alors simplement des cornes et souvent aussi des oreilles de vache. Dendera constituait au départ le principal lieu de culte où l'on vénérait Hathor comme la déesse incarnant "l'âme féminine aux deux visages". On pouvait aussi la rencontrer à Thèbes comme déesse des morts où elle exauçait les derniers voeux des mourants d'être protégés des forces des ténèbres. Avant qu'Isis ne vienne remplacer cette divinité originelle, Hathor était considérée comme la mère d'Horus. Elle devint ultérieurement l'incarnation des profondeurs célestes qui englobent toute chose.

La fresque de la figure 1 montre Hathor sous une apparence humaine, munie d'une Ankh dans la main sur laquelle on peut voir les traits d'Osiris. Il s'agit ici d'une représentation provenant de l'époque de la 20ème dynastie. Dans le domaine terrestre, Hathor était aussi la déesse de la danse, de l'amour et de l'ivresse.

Le hiéroglyphe de la déesse sur la figure 2 montre un faucon à l'intérieur d'un mur du palais. Le nom Hathor signifie en effet "maison du faucon" et se rapporte au lieu originel où vit le faucon céleste.

1.

2.

Horus

LE DIEU DU CIEL : HORUS

1. La figure en bronze provenant de la 26ème dynastie montre le dieu du ciel, Horus, sous une apparence humaine avec une tête de faucon. À l'origine, les faucons étaient effectivement vénérés comme des manifestations des divinités. Sa propension au combat et sa maîtrise du vol en faisaient le roi des oiseaux. Les différentes divinités locales se fondirent en une seule divinité suprarégionale, le dieu Horus, le faucon des cieux. Le dieu symbolisait le ciel ; le soleil et la lune étaient ses yeux. Il rassemblait en lui les propriétés d'un dieu du ciel avec celles d'une dieu dynastique et fondateur de la royauté égyptienne. C'était ainsi que le Pharaon incarnait Horus et était un aspect du dieu. Le nom du dieu-faucon était depuis toujours partie intégrante du titre royal. Le symbole royal montre un faucon dans un carré symbolisant les murs du palais.

À l'origine, Horus était considéré comme le frère de son rival, Seth. Après qu'il a perdu un oeil dans le combat, les dieux s'entendirent pour se répartir leur souveraineté sur les terres autour du Nil. C'est ainsi qu'Horus devint le souverain de la Basse Égypte et Seth, celui de la Haute Égypte. Ultérieurement, Seth fut chassé des terres où s'exerçait son pouvoir et fut relégué au rang de souverain des terres incultes et des peuples barbares, tandis qu'Horus fut élevé au rang de dieu supérieur de toute l'Égypte. Pendant l'apogée du culte d'Osiris, Horus devint le fils d'Osiris et le neveu de Seth. En charge de l'héritage et de la vengeance de son père, il mena ensuite un combat sans merci contre Seth, son frère, dont il sortit vainqueur.

2. L'idéogramme du dieu montre un faucon stylisé qui renvoie aussi au concept général de divinité.

Isis et Nephthys

LES SŒURS D'OSIRIS : ISIS ET NEPHTHYS

1. Cette parure montre la déesse en deuil, Nephthy (à gauche) et Isis (à droite) qui protègent de leurs ailes le fétiche d'Osiris, la stèle de Djed. Nephtys est, à l'instar d'Osiris et de Seth, un enfant de Geb et de Nout. Conformément à la représentation du monde dualiste des Égyptiens, ces derniers opposaient au couple positif et fertile Isis et Osiris, le couple négatif et stérile Nephtys et Seth. La figure de la déesse Nephtys n'est toutefois pas totalement négatif puisqu'elle pleure avec sa soeur le meurtre du frère assassiné d'Osiris. Son nom signifie "maîtresse de maison", mais on ne sait presque rien de ses

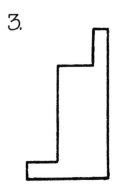

traits de caractère. Elle a en fait été créée afin de donner une compagne à Seth. Le nom d'Isis est identique à celui qui désigne le trône.
À l'origine, elle était considérée comme la mère symbolique de tous
les rois et l'incarnation du trône. Dans le mythe, elle est la soeur et la
femme d'Osiris (une configuration qui était tout à fait courante dans
l'Égypte antique) et donna la vie à Horus, leur fils. Elle le protégeait,
lui et les enfants d'une manière générale, contre les rapaces et les
autres dangers. Isis était aussi considérée comme disposant d'un pouvoir magique : elle pouvait insuffler avec ses ailes un souffle de vie
pouvant faire revivre Osiris après sa mort. Cette déesse était le plus
souvent représentée sous une apparence humaine portant le symbole
du trône sur la tête. Pour figurer sa fonction protectrice, on la représentait avec des ailes et parfois elle était représentée avec sa soeur
Nephthys sous la forme d'un oiseau de proie (un milan).
Ultérieurement, sous le Nouvel Empire, la figure
de la déesse Isis se fondit avec celle de la déese originelle Hathor, reprenant alors ses attributs : les
cornes de vache et le disque solaire.

2. Le hiéroglyphe de la
déesse Nephthys. Son nom
était représenté sous une
forme humaine ou bien
sous celle de ce qu'elle portait sur la tête.

3. Cet idéogramme symbolise ce qui
désigne un trône et constitue le signe distinctif
de la déesse Isis. Elle est habituellement représentée avec ce symbole sur la tête.

Joh

LA LUNE : JOH

Le dieu Joh représentait une incarnation de la lune. Il portait le symbole de la lune, le disque et le croissant, sur la tête. Ce dieu originel ne fut présenté que rarement sous une apparence humaine. Dans la plupart des textes et des images, ses manifestations se réduisaient à l'astre qu'il symbolisait. Ce symbole lunaire était souvent porté comme bijou par le fils de la lune, Chons.

Dans l'Égypte antique, la lune était le soleil de la nuit et à ce titre elle était l'oeil droit d'Horus. Osiris, Thot et, plus tard, Isis étaient ceux qui veillaient sur ce dernier. La permanence des cycles lunaires constituaient pour les Egyptiens une indication sur la mort et la résurrection. Les phases lunaires, en particulier les quatorze jours de la lune décroissante, furent associées au démembrement d'Osiris. C'est pour cela que dans certains textes ou illustrations, le croissant lunaire est aussi parfois figuré par une arme contendante (chez le dieu Thot) ou par une jambe comme relique d'Osiris.

Maât

LA GARDIENNE DE L'ORDRE COSMIQUE : MAÂT

Comme pour la plupart des divinités égyptiennes ayant une apparence humaine, la déesse Maât est aussi une entité abstraite. Elle représente l'ordre cosmique auquel les dieux, les rois et la population doivent impérativement se soumettre. Elle était responsable de tous les cycles naturels de la vie et aucune existence n'était plus possible sans son action.

Les juges de l'État étaient aussi les prêtres de Maât car elle incarnait les lois de l'être, du droit, de la vérité et de l'ordre du monde. Son symbole de vérité était la plume comme expression de la facilité avec laquelle il est possible d'agir justement et correctement. On partait ainsi du principe que le coeur d'une personne ne devait pas peser plus qu'une plume quand elle était placée dans la balance du tribunal divin.

Le culte de la déesse Maât concernait en fait les normes et les lois qui régissaient les rapports entre le Pharaon et ses sujets. C'est ainsi que le roi récompensait l'obéissance de ses sujets et devait veiller à l'harmonie entre les hommes et les dieux dans le cadre de ses obligations religieuses. De cette manière, il soutenait les dieux dans leur mission consistant à maintenir l'équilibre cosmique dont dépendaient à la fois l'existence des divinités ainsi que celle des humains.

Mafdet (1) et Ptah (2)

LES DIEUX DE LA JUSTICE ET DE LA FORCE DE CRÉATION : MAFDET ET PTAH

1. La déesse Mafdet, représentée sous l'apparence d'un animal s'apparentant à un chat, monte à la verticale le long d'une potence. Sur le côté se trouve une corde qui retient un couteau. Dans la période la plus récente de l'Égypte antique, Mafdet jouait un rôle important dans le tribunal de l'au-delà. Sa mission principale consistait à combattre les pécheurs et les serpents.

2. L'image montre Ptah, le créateur de la terre pendant qu'il est en train de façonner des êtres sur son tour de potier. Il était le dieu de Memphis ainsi que celui de l'artisanat et de la créativité. Il tirait son pouvoir de son coeur et de ses poumons, et ses paroles firent apparaître le monde tandis que ses battements de coeur approvisionnaient la Création en énergie cosmique et en force de vie.

3. Le sceptre de Ptah rassemble des stèles de Djed et des Uas. Sa tête est toujours couverte avec un simple bonnet bleu. Ptah, l'aïeul, est toujours représenté sous une apparence humaine et enveloppe son corps d'un long vêtement de cérémonie dont ne dépassent que les mains et la tête. Il est presque toujours représenté en station debout.

1.

2.

3.

4.

Min

Ψ Ψ Ψ Ψ Ψ Ψ Ψ Ψ Ψ Ψ Ψ Ψ

LE DIEU DE LA FERTILITÉ : MIN

Le dieu Min était à la fois le dieu de la fertilité animale et végétale. Le bas-relief représenté ici (figure 1) le montre sous la forme absolument caractéristique d'une momie avec les bras levés et le phallus en érection.

Min était l'une des divinités de la fertilité les plus significative de la vallée du Nil. Son origine est d'ailleurs controversée et il est probable qu'elle soit à chercher à l'étranger, probablement en Érythrée ou même dans le royaume mythique de Punt. Dans les textes anciens, il est désigné sans aucune ambiguité comme étant un étranger "à la peau noire". Sa sainteté fut souvent représentée par le symbole de la maison ronde (fig 2) ou celui de la laitue (fig 3) qui était considérée comme un aphrodisiaque. Dans des temps reculés, ce dieu avait été vénéré sous la forme d'un fétiche ressemblant à un faisceau d'éclairs (fig 4).

Montou

LE DIEU DE LA GUERRE : MONTOU

Ce bas-relief montre le dieu de la guerre à tête de faucon, Montou, qui tient dans ses mains la faucille et la clé de vie. Ses emblèmes étaient le disque solaire et deux grandes plumes sur la tête. Thèbes constituait son principal lieu de culte et l'on peut voir encore aujourd'hui à Carnac les vestiges du temple qui lui était consacré. Sous la dynastie de Thèbes qui connut une longue période de guerres, il fut pratiquement élévé au rang de dieu dynastique dans la mesure où c'est pendant la période où son culte domina que put être rétablie l'unité de l'empire égyptien. Après cette campagne militaire, il demeura la divinité associée à la guerre tandis qu'Amon le supplanta comme divinité supérieure.

La mission du dieu Montou consistait à tuer les ennemis de son père Rê à l'aide de sa lance. Le taureau et le faucon était considérés comme les manifestations de son existence terrestre. Par ailleurs, on lui attribua un animal blanc ayant un visage noir dénommé Buchis.

Sous le Nouvel Empire, Montou se transforma en l'esprit protecteur du roi auquel il apportait son aide pendant les compétitions sportives et les batailles.

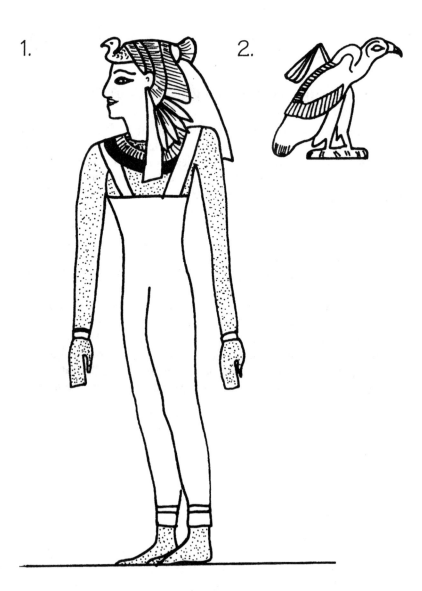

Mut

LA MÈRE ORIGINELLE : MUT

La figure 1 montre la représentation habituelle de la déesse Mut, la femme et la mère du fils de la lune, Chons. Ces trois divinités étaient vénérées à Thèbes comme une sorte de trinité. La déesse portait presque toujours sur la tête comme symbole une coiffe représentant un vautour ; il s'agissait là de la parure traditionnelle des reines. Elle incarnait ici la dimension maternelle de la mère dans la mesure où la figure de Mut incorporait en fait la mère originelle d'avant le commencement des temps. Beaucoup d'autres divinités féminines portaient ainsi cette coiffe au vautour symbolique sur la tête. Mut symbolisait en définitive l'institution familiale et sa protection en liaison avec la triade de Thèbes.

Sous le Nouvel Empire, après qu'Amon avait été élevé au rang de dieu-soleil, Mut fut nommée la mère originelle, mère du soleil.

Le hiéroglyphe de la déesse Mut de la figure 2 est le vautour qui symbolise la coiffe au vautour. Le portrait de la déesse elle-même correspondait en revanche toujours à une forme humaine ; elle y portait une coiffe ou une parure combinant un vautour et une couronne sur la tête.

Nechbet

LA DÉESSE DE LA HAUTE ÉGYPTE : NECHBET

La déesse-vautour Nechbet était à l'origine vénérée à Elkab, une localité située en Haute Égypte. Après son rattachement à la ville voisine de Nechen qui en fit la capitale de la Haute Égypte, elle devint la patronne de la région. Le vautour devint alors le symbole de cette moitié du pays tandis que la Basse Égypte était représentée par le serpent de la déesse Uto. Les deux déesses sont parfois considérées comme les mères mythiques du roi auquel elles donnent le sein.

Nechbet était surtout représentée sous forme de vautour dans la symbolique royale et son image était portée comme une couronne par les reines sous la forme d'une coiffe-vautour. Son pendant était le serpent originel que l'on pouvait voir également sur les couronnes royales.

Sous le Nouvel Empire ainsi qu'ultérieurement, la déesse des gens du peuple fut aussi vénérée comme la déesse de la naissance et était représentée le plus souvent sous une apparence humaine avec une peau de vautour sur la tête.

1.

2.

Nefertem

LE FILS DU SOLEIL : NEFERTEM

L'enfant-dieu Nefertem – il porte la tresse de côté caractéristique de l'enfance – fut le plus souvent représenté sur une fleur de lotus, assis, suçant son pouce ou tenant une fleur (fig 1) ; il est d'ailleurs de surcroît le dieu des bonnes senteurs. Il était le fils de la déesse Sekhmet à tête de lion et du dieu Ptah. C'est pourquoi on trouve aussi des variantes de l'enfant-soleil à tête de lion. Son culte était surtout répandu à Memphis où se trouvaient également les triades faisant l'objet d'un culte.

Nefertem était considéré comme le lotus originel et on le décrivait comme étant la fleur sur le nez de Rê auprès duquel Nefertem passait tout son temps.

La figure 2 montre le hiéroglyphe de Nefertem.

Neith

LA DÉESSE DE LA GUERRE : NEITH

La gardienne de la ville de Saïs était la déesse de la guerre Neith (fig 1). Les armes – arc, flèches et bouclier – manifestaient sa présence. Les sculptures qui la représentaient étaient disposées autour d'un cercueil pour assurer la protection du défunt. Ultérieurement, Neith fut considérée comme la mère du dieu-crocodile Sobek.

L'image montre Neith dans sa fonction de divinité dynastique avec la couronne rouge de la Basse Égypte. Après une pause de près de deux mille ans, son culte connut une renaissance sous la 26ème dynastie au cours de laquelle elle réapparut sous l'aspect d'une déesse originelle, mère de Rê. Elle était aussi considérée comme la semence originelle dont les dieux ainsi que les humains étaient issus. Sa nouvelle position androgyne lui conféra un rôle de père de tous les pères et de mère de toutes les mères ; elle fut aussi partiellement reconnue comme l'anima, la dimension féminine de l'âme, du dieu créateur originel, Chnoum.

Dans le cadre du culte des morts, Neith avait pour mission de protéger les bandelettes destinées à la momification, ce qui lui valut d'être élevée au rang de patronne des tisserands.

L'idéogramme de Neith (fig 2) est habituellement interprété comme l'image stylisée de deux arcs reliés ensemble, ce qui en fait la patronne de cette arme.

L'autre symbole de la déesse Neith (fig 3) qui représente un bouclier au-dessus duquel se croisent deux flèches s'appelle Hemesut. Considérée comme une entité à part entière, incarnation de la force créatrice et de la force de vie, Hemesut constituait le pendant féminin de Ka qui était une entité masculine.

1.

2.

Nout (1), Schu et Geb (2)

LES DIEUX DE L'AIR ET DU CIEL : NUT, SCHU ET GEB

La déesse Nut était la personnification de la voûte céleste. C'était la fille du dieu de l'air Schu qui soutient son corps allongé par-dessous. Ses mains et ses pieds touchent les extrémités Est et Ouest de l'horizon. La figure 1 montre le soleil levant sous la forme d'une coccinelle qui monte le long de sa cuisse. Le soleil couchant pourvu d'ailes se trouve devant sa bouche. Nut était considérée comme la mère de toutes les étoiles et du dieu-soleil Rê. Elle engloutissait chaque jour les astres avant de les faire ensuite renaître de son ventre le jour suivant. C'est pourquoi elle fut souvent représentée comme la truie nourricière qui mange sa progéniture (cf p. 287). Dans la mesure où Nut était le symbole de la renaisance, elle décorait souvent les chambres mortuaires et les cercueils.

La figure 2 montre le dieu de l'air Schu séparant la déesse du ciel Nut du dieu de la terre Geb. Cet acte symbolise la dualité, la séparation du monde en contraires : haut et bas, clair et sombre, bien et mal. Dans le ciel on peut voir la barque solaire qui comporte la tête de bélier dans le disque solaire. Le dieu Schu a le plus souvent une apparence humaine. Ce n'est qu'en tant que combattant et défenseur du dieu-soleil qu'il fut affublé d'une tête de bélier. Dans la mythologie égyptienne, Schu est le souffle qui sort du nez du dieu originel Atum en même temps que sa soeur et compagne Tefnut, l'air humide. Le premier couple des éléments cosmiques a été créé ensuite par la déesse du ciel, Nut, et par le dieu de la terre, Geb, qui engendrèrent à leur tour les dieux Isis, Osiris, Nephthys et Seth. Les plumes d'autruche, symboles du dieu Schu, restituent les notions de légèreté et de vide. Le brouillard et les nuages sont les éléments constitutifs de Schu et sont souvent désignés comme ses os. De par sa position entre le ciel et la terre, il fut aussi considéré comme le dieu du vent.

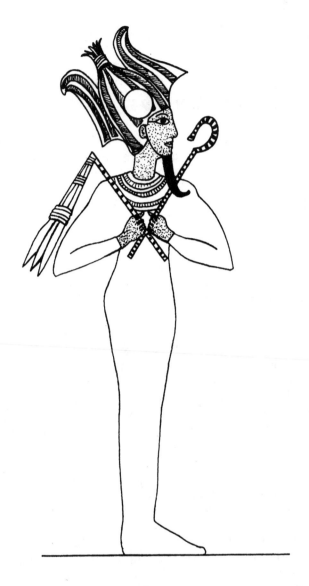

Osiris

LE DIEU DU BAS MONDE : OSIRIS

D'une manière générale, le dieu des morts, Osiris, était représenté sous forme de momie tenant un sceptre et un chasse-mouche. Sa tête est parée d'un casque-couronne (Atef) décoré de plumes. Osiris constitue l'un des dieux égyptiens les plus connus. Fils de la déesse du ciel Nut et du dieu de la terre Geb, Osiris reçut de son père la domination de la terre. Le mythe raconte qu'Osiris suscita la jalousie de son frère, Seth, après qu'il a introduit l'agriculture et la culture de la vigne. C'est à cette époque que ce dieu reçut également le nom de Wennofer, ce qui signifie "l'être bon" ou encore "le Parfait". Emporté par la jalousie, son frère Seth le dupa et le noya dans le Nil. La noyade du dieu fut alors associée aux inondations annuelles provoquées par le Nil qui rendent ensuite possible la récolte suivante. Les récits mythiques concernant le démembrement d'Osiris proviennent probablement d'une époque ultérieure après que différentes localités affirmèrent être en possession de certaines des parties de son corps. La ville d'Abydos affirmait ainsi posséder la tête, celle de Busiris la colonne vertébrale (la stèle Djed), Philae une jambe et Mendès le phallus du dieu. Les différentes parties du corps furent alors mises dans des tombes et à côté de chacune d'elle fut planté un arbre comme symbole de la résurrection. Les mythes racontent en outre comment la soeur et épouse d'Osiris se mit longtemps en quête des membres dispersés pour finalement reconstituer le corps d'Osiris. Il dut sa résurrection à l'art de l'embaumement d'Anubis et d'Isis qui aimait Osiris et lui permit de revenir à la vie en lui insufflant le souffle de la vie à l'aide de ses ailes. Son fils Horus le prit alors dans ses bras et lui donna à manger l'oeil d'Horus. Osiris devint ainsi le symbole de la résurrection. Tandis qu'Horus rétablit l'ordre détruit en reprenant le trône en tant que dieu-soleil, Osiris devint le dieu de la nuit car la lune incarne le renouvellement cyclique de la vie.

Les couleurs d'Osiris sont le blanc, à l'instar de celle des bandelettes des momies, et le noir qui est la couleur des morts. Le symbole de la résurrection est sa peau verte comme les plantes. Il a repris de Busiris, la divinité originelle dont il prit la place, les emblèmes de souveraineté, la crosse et le fléau.

1.

2.

3.

Rê

LE DIEU SOLEIL RÊ

Le soleil était considéré comme la manifestation visible du dieu soleil Rê (fig 1). Sous les cinq premières dynasties, Rê fut vénéré comme une divinité purement cosmique sous la forme d'un disque solaire. Ce n'est que plus tard, de par la popularité croissante du dieu faucon Horus, qu'il reprit son apparence humaine ainsi que la tête de faucon. Il porte sur la tête le disque solaire qui le distingue de tous les autres symboles. C'est à partir de ce moment qu'il fut considéré comme celui qui dirige le monde, traverse l'océan céleste dans sa barque solaire avec sa fille Maât, responsable de l'ordre cosmique, et le dieu ibis, Thot, son vizir.

2. Ce hiéroglyphe montre comment Rê s'écrivait. La barbe le désigne comme souverain et le cobra divin s'enlace autour du disque solaire sur sa tête.

3. Une autre écriture, provenant d'une époque ultérieure, le montre comme un dieu à tête de faucon. Rê fut à l'origine représenté avec un simple disque solaire.

Sekhmet

LA DÉESSE DE LA GUERRE ET DE LA
DESTRUCTION : SEKHMET

La déesse lionne Sekhmet ne devint certainement l'épouse du dieu Ptah qu'en raison de la proximité des lieux de culte des deux divinités. Elle constituait une sorte de pendant à ce dernier et avait l'apparence d'une lionne ou d'une femme à tête de lionne. Sekhmet, dont le nom signifie "la puissante", accompagnait les souverains à la guerre et fut même désignée comme leur mère. Son état colérique la rendait supérieure à la suite de Seth et au serpent d'Apophis. Ses armes étaient les vents chauds du désert et les flèches qu'elle décochait dans le coeur des ennemis. Sekhmet devint ainsi l'Urœus crachant le feu et par là même l'oeil de Rê. Sa colère sans limites répandait les maladies et les épidémies, la peur et la désolation. Mais si l'on réussissait à calmer sa colère, elle se transformait en charmeuse affublée du surnom de Werethekau. Cette faculté de métamorphose lui donnait alors le pouvoir de guérir et d'accélérer le rétablissement de l'ordre au sein de l'empire. C'est la raison pour laquelle les médecins s'appelaient aussi "prêtres de Sekhmet".

En tant qu'épouse de Ptah et mère de Nefertem, elle fut vénérée à Memphis. Après que Thèbes fut élevée au rang de nouvelle résidence, la déesse Mout qui s'y trouvait se confondit avec la déesse lionne Mut-Sekhmet. Hathor pouvait aussi prendre à certaines périodes l'apparence de Sekhmet.

1.

2.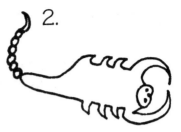

3.

Selket

LA DÉESSSE DE LA PROTECTION DE LA VIE : SELKET

La déesse Selket formait avec Isis, Neith et Nephthys une sorte de "tétrade" protectrice veillant sur les morts. La déesse scorpion appartenait aux êtres enchantés qui, grâce à leurs forces magiques, soutenaient le dieu soleil dans son combat contre ses ennemis. Le scorpion était déjà considéré depuis des temps anciens comme un puissant symbole qui préservait du malheur, et il était donc placé auprès des rois dans leurs tombes.

Toute une suite de spécialistes des traitements à appliquer en cas de piqûre de scorpion accompagnait la déesse. Son ancien nom, Serket-hetu, signifiait "celle qui fait respirer la gorge". Dans la mesure où le souffle était considéré comme le lien à la vie, on désigna Selket comme la patronne de la vie.

Le hiéroglyphe de la déesse (fig 2) montre un scorpion stylisé.

Sur la figure on peut voir les inscriptions des chambres mortuaires qui étaient donc une variante d'écriture sans tête. On se protégeait ainsi contre le danger que représentait cet animal car on partait du principe que les représentations picturales étaient elle-mêmes animées par une âme magique.

Seschat

LA DÉESSE DE L'ÉCRITURE ET DU DESTIN : SESCHAT

La déesse Seschat "qui dirige la maison des livres", est nettement reconnaissable à sa parure de coiffe composée d'une étoile à sept branches à l'intérieur d'un cadre en forme de faucille. Son nom s'écrivait souvent à partir de ce seul symbole. On la voit souvent sur des représentations tenant un crayon d'ardoise, une branche de palmier et une peau de panthère sur ses vêtements.

Seschat était la déesse de l'art de l'écriture et de la comptabilité. Sa mission consistait à rédiger les annales royales, à compter les années de règne des pharaons et à assister en tant que déesse du destin aux différents jubilés et autres cérémonies de couronnement. Elle occupait en fait la fonction de chef du protocolle. Par ailleurs, il lui incombait aussi de tracer, par l'intermédiaire de ses prêtres qui étaient censés être ses exécutants, les plans des nouveaux temples à construire.

LE DIEU DU CHAOS ET DE LA DESTRUCTION : SETH

Seth

La situation de désordre de la société ou du cosmos était en général mise en relation avec le domaine d'action du dieu Seth (fig 1) dont le surnom habituel était "celui qui dispose d'une grande force". Le plus souvent, ce dieu était présenté sous une apparence d'homme surmonté d'une tête de l'animal mythique, Seth. À l'origine, Seth était le dieu régional de la Haute Égypte. Mais après la réunification des deux parties de l'Égypte, il fut relégué dans les régions des terres incultes. Beaucoup de fresques le montrent combattant le serpent Apophis, debout sur la proue de la barque solaire. Les animaux mythiques Seth tirent souvent la barque solaire à la place des chacals qu'on y voit sinon habituellement.

Dans la pensée religieuse des Égyptiens, la vie se déroulait entre les deux pôles opposés du bien et du mal, entre les forces créatrices et les forces destructrices. Seth incarne toujours dans cette représentation du monde la force sombre, anéantissante et chaotique. C'est ainsi que la mer criminelle et l'imprévisibilité du temps lui étaient subordonnées. Dans le règne animal, l'âne, l'antilope, le cochon, le crocodile, l'hippopotame et les poissons lui étaient soumis. Le minerai de fer constituait son ossature, il était en effet le souverain des métaux.

Quand le culte d'Osiris se répandit, Seth fut de plus en plus considéré comme l'ennemi du dieu de la végétation. Lorsque le mythe raconta que Seth avait perdu ses testicules dans son combat contre Horus, son destin fut alors scellé comme souverain des terres incultes. Comme on lui attribua en outre le règne des pays étrangers à l'Égypte, il fut considéré pendant les périodes d'occupation comme la personnification du mal et comme l'ennemi de l'État.

2. Le hiéroglyphe du dieu Seth.

3. Ce hiéroglyphe montre Seth, l'animal mythique, qui était probablement un mélange de différentes espèces d'animaux. La queue et les oreilles relevées sont caractéristiques : cela exprime différentes manières d'écrire les notions de destruction et de violence. Pour les habitants des terres fertiles, il correspondait à un présage de malheur, tandis qu'il incarnait la puissance des souverains chez les tribus nomades de Haute Égypte.

111

Sokar

¥ ¥ ¥ ¥ ¥ ¥ ¥ ¥ ¥ ¥ ¥ ¥

LE DIEU PROTECTEUR DE LA NÉCROPOLE
DE MEMPHIS : SOKAR

Sokar était représenté comme un faucon dans une barque à la forme très caractéristique dont la proue était constituée par une tête d'antilope. Dans sa forme originelle, Sokar était vénéré comme le dieu de la fertilité car, dans les temps anciens, son portrait était tiré sur un traîneau dans les champs tandis que les participants à la procession se paraient de couronnes d'oignons. Plus tard, d'autres éléments vinrent s'ajouter à la raison d'être de ce dieu. Il devint en effet le dieu protecteur au moment où son lieu de culte principal se déplaça à Memphis. D'après le mythe, il était le faucon du ciel qui habitait une caverne secrète du royaume des morts. À cette époque il devint aussi le patron des forgerons. Il perdit beaucoup de sa particularité à l'époque plus moderne de l'antiquité égyptienne à partir du moment où il fut associé à Osiris et Ptah.

Tefnut

LA DÉESSE DE LA ROSÉE DISPENSATRICE DE VIE : TEFNUT

À l'instar de son frère, Schu, Tefnut fut conçue au commencement des temps par Atum, le dieu qui s'était auto-engendré. Tefnut était la déesse de l'humidité et formait avec Schu le premier couple des éléments cosmiques. C'est à partir de ce couple de frère et soeur que naquirent les forces contraires du masculin et du féminin.

Lorsque Atum finit par se muer en Rê, Schu et Tefnut devinrent ses enfants. Ils devinrent ainsi également les yeux du souverain céleste, le soleil et la lune. Tefnut fut assimilée à la lune et fut appelée "reine de la flamme", ce qui se rapporte à la puissance de l'humidité sur le feu.

Parmi la multitude étourdissante des divinités égyptiennes, la déesse originelle Tefnut constitue la dimension féminine de la lune avec sa force sur l'élément liquide.

1.

2.

3.

Thot

LE SOUVERAIN DE LA LUNE : THOT

La vénération du dieu à tête d'ibis, Thot (fig 1), commença dans le delta du Nil. C'est aussi là-bas que se trouvait le lieu originel de l'ibis dans lequel ce dieu était censé s'être incarné. Ultérieurement, la ville d'Hermopolis, située au centre de l'Égypte, devint le centre de son lieu de culte. C'est là qu'il s'unit au dieu-baboun, Hez-ur, dont il reprit parfois la forme. À l'instar de cette divinité simiesque locale, il était considéré comme le souverain régnant sur la lune dans la mesure où le bec incurvé de l'ibis était associé au croissant lunaire. Dans les temples du culte de l'ibis, on trouva d'innombrables momies de l'oiseau sacré qui symbolisait aussi la transfiguration. Comme il était aussi le patron des écrivains, on le voyait souvent représenté avec un instrument d'écriture ou une branche de palmier.

D'après le récit de ce mythe, Thot était issu de la tête de Seth qui avait avalé un grain de semence du dieu soleil Horus. Ce dieu apparut sous la forme d'une lune rayonnante émergeant de la force obscure de Seth et devint le souverain du temps. Dans le ciel des divinités égyptiennes, on lui attribua le rôle de messager des dieux.

2. Ce hiéroglyphe montre l'écriture la plus fréquente du dieu Thot.

3. Cette représentation sous une apparence humaine à tête d'ibis constitue une variante.

Toeris

LE DÉMON PROTECTEUR DE LA FEMME
ENCEINTE : TOERIS

La déesse Toeris constituait un mélange d'hippopotame femelle et de crocodile. Il avait également des membres et une poitrine empruntés à une apparence humaine lui donnant un aspect bienveillant et parfois joyeux. Toeris provenait d'une croyance des milieux populaires et c'est pourquoi on le trouve rarement dans les représentations plus solennelles des temples. Le domaine d'action de la déesse protectrice se rapportait au contexte familial, en particulier à la grossesse, à la naissance et aux couches. Sur certaines représentations, elle tient une croix Ankh comme symbole de vie, ou bien un flambeau pour chasser les mauvais esprits. Sur l'illustration ci-contre, elle tient une ceinture de sauvetage comparable à celle qu'utilisaient les pêcheurs à cette époque.

Upuaut

LA DIVINITÉ DE LA GUERRE ET DES MORTS : UPUAUT

L'enseigne représentée ci-contre correspond au dieu Oupouaout. En général, on le représentait sous la forme d'un loup ou d'un chacal noir que l'on utilisait pour certaines processions royales où il était considéré comme "celui qui ouvre le chemin" et garantit la victoire dans les batailles en ouvrant la marche. La massue et l'arc étaient ses signes distinctifs de dieu de la guerre. Il annonçait également le dieu Osiris qui élimine les obstacles. C'est ainsi qu'on peut trouver la figure de Upuaut sur les fresques des chambres mortuaires où il est porté pour ouvrir la marche des convois mortuaires, ou bien dressé comme enseigne servant de sentinelles auprès des morts. Le principal lieu de culte de ce dieu était la ville d'Asiut qui fut rebaptisée Lycopolis par les Grecs en souvenir de la figure du dieu en forme de loup.

Le démon-gardien

LES ÊTRES DES TÉNÈBRES : LES DÉMONS

L'image montre un gardien à l'apparence de démon montant la garde devant l'entrée du monde souterrain. Dans la mythologie égyptienne, les démons étaient associés à des divinités. Ils se chargeaient d'être les exécuteurs des hautes oeuvres lorsqu'un défunt venait à être condamné devant le tribunal de l'au-delà. Car ils devaient leur vie aux malfaiteurs dont ils buvaient le sang. Quelques 42 démons-juges des morts et de nombreux gardiens étaient au service du seul dieu Osiris sur les chemins et devant les portes menant au monde souterrain. Ces êtres étaient reconnaissables à leurs emblèmes de pouvoir tels que des serpents, des couteaux, des étincelles et des sceptres. Il faut aussi noter l'existence d'un démon féminin, Ammit, qui dévorait les défunts qui avaient péché. Elle avait le corps d'un félin sauvage, la gueule d'un crocodile et l'arrière-train d'un hippopotame.

Dans le royaume des vivants, les êtres des ténèbres, que l'on associait habituellement à Seth, étaient toujours perçus comme la cause de toutes les sortes de malheur. C'est ainsi qu'ils étaient considérés comme les responsables des guerres et des épidémies. La population cherchait à chasser ces êtres en les battant à l'aide de branches ou en enflammant des torches.

Contrairement à ces démons maléfiques, les gens du peuple avaient aussi leurs bons démons tels que Bès et Toeris. Ces divinités se mouvaient certes à l'intérieur du royaume des ombres, mais étaient favorablement disposées par rapport aux humains.

Les signes de reconnaissance des dieux Uaset,
Amentet, Meret, Schu/Maât et Seschat

LES SIGNES DISTINCTIFS DES DIEUX I

1. Uaset, la déesse du district de Thèbes, porte ce sceptre sur la tête. Il est composé de l'emblème du district (la base), dont partent la plume et le bandeau.

2. Le symbole d'Amentet représente une sorte d'incarnation de l'Ouest. On le trouve aussi sous cette forme dans le hiéroglyphe qui sert à écrire l'Ouest.

3. et 4. En Basse Égypte, le dieu du Nil, Meret, portait une couronne en papyrus (3) ; en Haute Égypte, c'étaient des lilas qui le symbolisaient.

5. La plume d'autruche stylisée caractérise aussi bien le dieu de l'air, Schu, que la déesse Maât qui s'occupait de la justice et de l'ordre du monde.

6. Seschat, la déesse de l'écriture, porte une étoile à cinq ou sept branches sur la tête. Elle symbolise l'enseignement et l'inspiration.

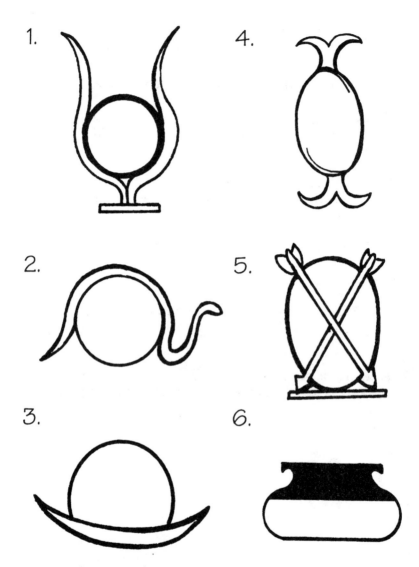

Les signes de reconnaissance des dieux Hathor,
Harachte, Chons, Neith, Hemsut et Nout.

LES SIGNES DISTINCTIFS DES DIEUX II

1. Le disque solaire avec des cornes de vache constituait la parure de la déesse Hathor, la mère du dieu soleil Horus. Ultérieurement, sous le Nouvel Empire, Isis reprit ce symbole d'Hathor et le supplanta. Elle fut alors vénérée comme soeur et épouse d'Osiris et mère d'Horus.

2. Harachte, le dieu du soleil levant, est représenté avec une tête de faucon et porte un disque solaire avec le serpent Uraüs sur la tête.

3. Le dieu de la lune Chons, le conseiller, est désigné par le disque lunaire et le croissant lunaire.

4. Ici on peut voir le symbole de la déesse de la guerre, Neith. Le bouclier, l'arc et les flèches sont ses autres symboles. Comme elle était aussi la patronne des tisserands, son insigne est associé à la navette des tisserands.

5. Le bouclier avec deux flèches croisées symbolise la déesse protectrice Hemsut.

6. La déesse Nout est l'incarnation de la voûte céleste et est représentée par un récipient circulaire et des ailes de vautour. Elle était considérée comme la mère de Rê qu'elle engloutit le soir et fait renaître le matin.

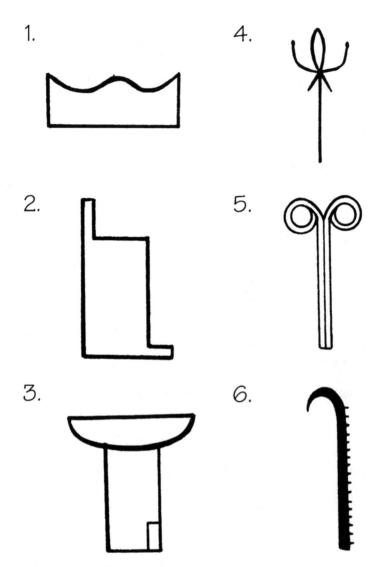

1.

2.

3.

4.

5.

6.

Les signes distinctifs des dieux Ha, Isis,
Nephthys, Eiebt, Meschet et Hah

LES SIGNES DISTINCTIFS DES DIEUX III

1. Ce hiéroglyphe qui signifie "désert" est aussi la parure de coiffe du dieu du désert occidental Ha.

2. La déesse Isis porte souvent comme couronne ce hiéroglyphe sur la tête qui signifie "trône".

3. La coiffe de la déesse Nephthys est composée d'un hiéroglyphe signifiant "maîtresse de maison".

4. Eiebt, la personnification de l'Est, porte ce symbole qui était aussi utilisé comme oeil "hiérogliphique".

5. La coiffe de la déesse Meschenet est composée d'une tige divisée dans le sens de la hauteur et enroulée sur elle-même dans la partie supérieure. On symbolisait aussi l'instrument qui servait à poser les pieds pendant un accouchement. La déesse façonnait la force de vie (Ka) de l'enfant quand il était encore dans le ventre de sa mère et annonçait son destin au moment de sa venue au monde.

6. Hah, l'incarnation de l'infini et de l'éternité, se parait de ce symbole représentant une branche de palmier. Il est représenté agenouillé avec les bras levés comme porteur du ciel. Hah incorporait comme dieu du vent à la fois les propriétés de Schu et celles d'Amon. Son portrait, où on le voit avec une branche de palmier sur la tête, correspond aussi à la notion de "million" (cf p. 73).

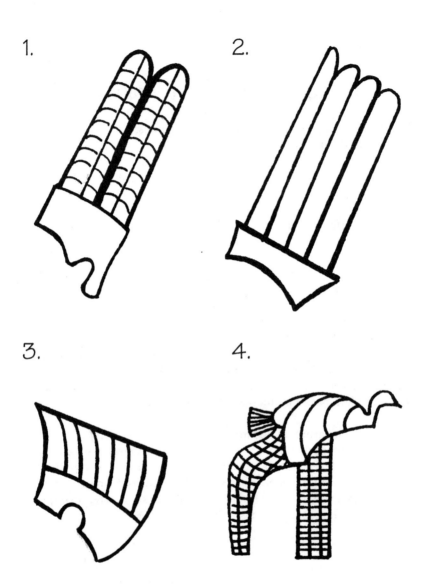

1.

2.

3.

4.

Les coiffes des dieux Amon, Anhuret, Anuket et Nechbet/ Mout

LES COIFFES DES DIEUX I

Les coiffes des dieux sont leurs signes distinctifs et symbolisent leur domaine de pouvoir ou leur appartenance. Quand il s'agit de hiéroglyphes, ils désignent la sphère d'influence de la divinité ou sa personnification. Si un dieu est représenté dans sa personnification, on lui attribue alors une apparence humaine et il porte sa coiffe caractéristique. Il faut aussi tenir compte du fait que la sphère d'influence et la marque des dieux égyptiens se modifièrent au cours du temps. Ces évolutions étaient soumises aux changements politiques tels que celui qui correspondit à la réunification des deux parties de l'Égypte. L'identification des divinités sur les fresques doit en fait s'effectuer en tenant compte de leurs autres attributs tels que les sceptres, les symboles, les vêtements et autres détails.

1. La double couronne de plume caractérise le dieu de la création originelle Amon, qui fut ultérieurement vénéré comme Amon-Rê. Ainsi s'établit un lien avec le dieu du ciel et du soleil Horus que l'on pouvait aussi voir avec cette parure sur la tête.

2. La couronne à quatre plumes symbolise Anhuret.

3. Anuket, qui était considérée comme la souveraine du ciel et du Nil, se parait à l'aide de ce bijou de plume. Elle était représentée sous une apparence humaine ou sous la forme d'une gazelle symbolisant sa grâce et sa rapidité.

4. Le vautour en guise de coiffe servait aussi bien de couvre-chef à la déesse-vautour Nechbet, qui était la déesse de la région de Haute Égypte, qu'à la déesse originelle Mut, qui était considérée comme l'épouse d'Amon. Dans certains cas assez rares, on peut voir Isis revêtue de cette coiffe quand on la représente en deuil.

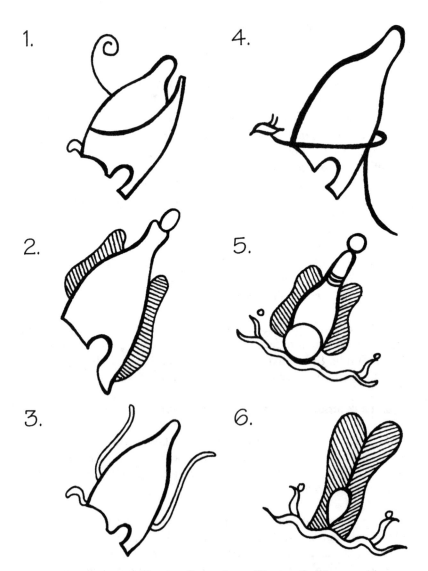

*Les coiffes des dieux Atum/Horus, Osiris,
Satis, Reschef, Chnum et Suchos*

$\Upsilon \Upsilon \Upsilon \Upsilon \Upsilon \Upsilon \Upsilon \Upsilon \Upsilon \Upsilon \Upsilon \Upsilon$

LES COIFFES DES DIEUX II

1. La double couronne représente le dieu de la création originelle Atum. Horus porte aussi cette coiffe dans sa fonction de souverain de Haute et de Basse Égypte. La couronne combinée symbolise la réunification des deux parties du pays.

2. La couronne Atef parait la tête d'Osiris.

3. Satis, la déesse qui pourvoit le pays en eau et qui était l'épouse du dieu de la création originelle, Chnum, porte cette couronne de la Haute Égypte comportant deux cornes d'antilope. Dans la mesure où Chnum était assimilé à Rê, Satis était également désigné comme "oeil de Rê".

4. La couronne de Haute Égypte du dieu Reschef est composée d'une tête d'antilope. À l'origine, ce dieu provenant de Canaan, était considéré comme étant la cause des épidémies avant d'être vénéré comme le dieu de la guerre. On pouvait le voir sous une apparence humaine avec cette couronne de l'illustration ci-contre, ainsi qu'avec un bouclier et une massue comme attributs de son pouvoir.

5. La couronne du dieu Chnum montre des têtes de bélier stylisées car ce dernier était souvent représenté avec une tête de bélier. En tant que dieu de la création, il rassemble en lui les dieux du ciel (Rê), de la terre (Geb), de l'air (Schu) et du monde souterrain (Osiris).

6. Le dieu crocodile Suchos porte cette couronne. La ligne en forme de vague désigne les eaux du Nil issu de sa sueur.

133

LES SYMBOLES SACRÉS

1.

2.

3.

LA NOTION DE DIEU EN GÉNÉRAL

1. Depuis la 5ème dynastie, le hiéroglyphe du mot "dieu" était écrit de cette manière ; il représente une divinité assise ayant une apparence humaine. Cette figure est ici enveloppée dans un linceul qui recouvre l'ensemble du corps. La barbe de cérémonie comporte cette incurvation caractéristique qui désigne la dimension divine de cette figure. À l'origine, cette barbe était une particularité du dieu Osiris, et la signification de ce hiéroglyphe s'est vraisemblablement étendue aux autres divinités au fur et à mesure que se répandait le culte d'Osiris.

2. L'image de l'enseigne divine portant un faucon représente une forme antérieure du hiéroglyphe présenté ci-dessus. Dès 4000 avant notre ère, au début des cultes d'animaux, ce symbole finit par trouver sa place dans l'alphabet. Il y avait en effet dans les provinces égyptiennes tant de figures à tête de faucon que ce dernier devint le concept général désignant la divinité.

3. Ce symbole universel qui désigne dieu provient certainement de la période pré-dynastique. On n'a toujours pas pu élucider ce que voulait désigner l'objet dont on peut voir une reproduction ci-contre. Certaines représentations moins énigmatiques suggèrent qu'il s'agissait peut-être d'un fétiche enveloppé dans des bandes d'étoffe dont l'une d'elle flottait au vent pour indiquer la présence d'une divinité dans tel ou tel endroit.

1.

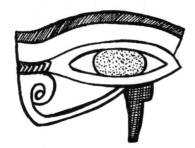

2.

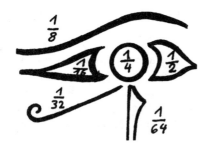

3.

4.

L'oeil d'Horus (Udjat)

L'ŒIL D'HORUS

1. La lune et le soleil étaient considérés comme les yeux du dieux Horus. L'oeil d'Horus était en Égypte une amulette très aimée qui incarnait l'éternel retour de l'harmonie universelle. D'après le mythe, Seth, le dieu jaloux en permanence avait arraché un oeil à son oncle Horus après avoir tué et demembré son père, Osiris. Mais le sage dieu de la lune Thot réparra l'oeil et le guérit. Horus en fit alors une offrande afin que son père, Osiris, puisse à nouveau s'éveiller à une nouvelle vie. Depuis, l'oeil d'Horus (Udjat) fut considéré comme correspondant à la scène originelle de l'offrande, et c'est pourquoi on le trouve sur les images représentant le dieu du Lotus, Nefertem.

L'oeil gauche d'Horus symbolise la lune et par-là même les forces féminines accueillantes ainsi que le passé, tandis que l'oeil droit correspond aux forces masculines actives et créatives du soleil et à l'avenir. Les deux yeux permettent de disposer de l'omniscience. Sous forme d'amulette, l'oeil d'Horus garantissait la vie éternelle à la personne qui le portait.

2. Les différentes parties de l'oeil de la lune que Seth avait arraché furent assemblées en fonction d'une certaine valeur de fraction. Il manque 1/64ème dans le nombre total ; cela correspond à la partie de l'oeil Udjat que Seth fit disparaître.

3. L'oeil comme hiéroglyphe (son phonème correspond à "irt") se rapporte directement à l'organe visuel et à la faculté de voir. La force magique qui provient de l'oeil est également représentée de cette manière. D'une manière générale, l'oeil était subordonné à l'élément feu dans la mesure où il accueille la lumière et les couleurs. Quand le dieu Horus ouvrait ses yeux, la lumière rentrait à l'intéreur et se mettait à éclairer l'univers, quand il les fermait, ce dernier retournait dans les ténèbres.

4. Le symbole de l'oeil pleurant représentait le fait de pleurer (phonème "rmi"). Il désigne dans le mythe de la création la croyance selon laquelle les humains sont censés être issus des larmes du plus grand des dieux, le soleil.

Obélisque

LA DIMENSION SACRÉE DU SOLEIL

À Héliopolis on vénéra autrefois un bloc monolithique considéré comme la première forme de manifestation du dieu originel Amon-Khepera car ce dernier était censé avoir reçu les premiers rayons de soleil. On le baptisa Benben. Sous la cinquième dynastie, on pouvait déjà trouver des obélisques dans tous les lieux sacrés où l'on vénérait le soleil. On prit soin d'en ériger deux dans chacun des temples du Nouvel Empire et on étendit leur signification au cycle lunaire également, bien que la lune représentait en fait le soleil de la nuit alors que le soleil était l'astre du jour. Les offrandes que l'on faisait à ces objets minéraux sacrés étaient également en forme d'obélisque.

On n'a en fait toujours pas élucidé la raison véritable de la forme de ces monuments. L'obélisque symbolise d'une manière générale la colline originelle d'où s'éleva le dieu créateur. Il n'est pas non plus possible de savoir avec certitude s'il s'agit d'un rayon de soleil pétrifié ou d'un symbole phallique. Mais dans la mesure où l'importance de la puissance sexuelle et de la procréation comme manifestation de l'énergie vitale étaient particulièrement déterminantes dans les conceptions religieuses des Égyptiens, l'obélisque est à considérer plutôt comme un symbole de fertilité des forces créatrices du dieu-soleil.

1.

2.

Les symboles solaires

LES EMBLÈMES DU SOLEIL

1. Déjà dans les temps les plus reculés, le ciel était représenté sous la forme de deux ailes déployées. Le rajout d'un disque solaire sous la cinquième dynastie en fit un symbole solaire. L'aile solaire correspond à un symbole de protection royal reconnaissable aux deux serpents urœus qui s'enroulent autour du disque solaire et qui, dans certaines formes issues du Nouvel Empire, portent aussi les couronnes de la Haute et de la Basse Égypte.

2. Ce bijou provenant d'une tombe de Toutankamon montre un Khepera ailé qui est le symbole du soleil levant. Il incarne le dieu originel qui s'auto-engendra en surgissant du monde souterrain sans avoir été conçu et qui sortit du ventre de sa mère avant de monter ensuite dans le ciel septentrional. Khepera était considéré comme la manifestation d'Atum et de Rê. Le dieu en forme de Coccinelle jouait aussi un rôle important dans la croyance en la résurrection.

Les étoiles comme âmes des défunts

L'ÉTOILE

La forme de ce hiéroglyphe est issu de l'étoile de mer présente en Mer Rouge. Les Égyptiens assimilaient la voûte céleste à la mer originelle et rapprochaient ainsi cet animal marin des étoiles qui étaient presque toujours représentées en jaune ou en rouge. L'idéogramme de l'étoile désignait également le professeur dont la mission d'enseignement était comparée avec la navigation dangereuse des corps célestes. Dans les temps les plus anciens, les étoiles étaient considérées comme étant l'âme des défunts, et c'est pourquoi on peut en voir souvent sur les cercueils.

D'après le mythe, d'innombrables âmes-étoiles suivaient le soleil pendant sa course à travers les empires de la lumière et des ténèbres. Les divinités s'incarnaient aussi dans les étoiles. C'est ainsi qu'Isis correspondait à la constellation de Sirius et que l'âme d'Osiris était située dans celle d'Orion.

Ultérieurement, le ciel fut partagé en 36 domaines auxquels était rattachées une étoile ou une constellation. Ces divinités, célestes régnaient chacune pendant une période de dix jours. L'étoile polaire jouissait d'une considération particulière dans la mesure où, contrairement aux autres astres, elle ne se couchait pas à l'Ouest.

Naos

CHÂSSE

Les châsses destinées aux divinités contenaient chacune une statue des dieux vénérés dans les temples. La plupart étaient en bois car elles devaient être transportables dans les barques des divinités pendant les processions, mais on avait aussi partiellement recours à du bois ou à des métaux précieux.

Sur l'illustration ci-contre on peut voir une châsse appelée Naos dont la forme est caractéristique : son toit est incliné vers l'avant suivant l'exemple du sanctuaire de Haute Égypte. Presque toutes les châsses étaient richement décorées de hiéroglyphes et de représentations picturales. La taille d'un Naos excédait rarement celle d'une personne, mis à part celui de Mendès qui faisait sept mètres de haut pour quatre de large.

La châsse qui contenait la divinité se trouvait en général dans l'angle le plus reculé d'une des chambres du temple qui n'était accessible qu'à certains prêtres. Le socle comporte souvent des représentations de rois portant le ciel car le Naos incarnait l'espace céleste. Quand on ouvrait la châsse, les portes du ciel s'ouvraient symboliquement sur le domaine où la divinité, représentée par sa statue, pouvait exercer le pouvoir qu'elle possédait en propre.

Barque avec Naos

BARQUE AVEC CHASSE D'UNE DIVINITÉ

Pour faire prendre conscience aux hommes de l'existence et de la présence des dieux, on procédait à intervalles réguliers à des processions pendant lesquelles on exhibait les statues des dieux. La représentation la plus sacrée de la divinité restait enfermée dans la châsse (Naos) qui se trouvait sur la barque sacrée pendant la procession. La forme de la barque était empruntée à celle d'une embarcation qui naviguait sur le Nil et dont les deux extrémités étaient décorées avec la tête du dieu ou de son animal sacré.

Lors des processions, les barques étaient portées par les prêtres de la divinité sur leurs épaules. D'autres bateaux sacrés étaient plus spécialement destinés à transporter la châsse sur l'eau. On déterminait auparavant exactement l'itinéraire de ce genre de procession, et pendant le trajet, on s'arrêtait à différents endroits afin de proclamer les réponses préalablement posées aux oracles. Le plus souvent, on rendait visite aux autres divinités qui étaient vénérées dans différentes villes afin qu'elles puissent communiquer entre elles.

La barque était inséparable du domaine sacré à travers le mythe du dieu soleil qui disait ne jamais l'avoir quittée, tandis qu'il l'utilisait pour se déplacer dans le ciel pendant le jour avant d'être tiré sur le sable par les chacals du monde des profondeurs pendant la nuit. D'autres divinités terrestres n'étaient censées utiliser de barque que pour se rendre muutuellement visite ou pour participer aux processions.

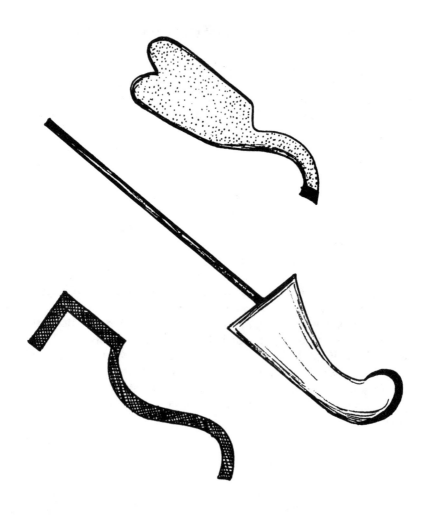

Les appareils rituels pour l'ouverture de la bouche

LE RITUEL D'OUVERTURE DE LA BOUCHE DESTINÉ À RESTITUER MAGIQUEMENT LA VIE

L'illustration ci-contre montre les trois principaux appareils utilisés dans le cadre du rituel d'ouverture de la bouche. Ce rituel était effectué à chaque fois qu'une statue ou la momie d'un défunt devait être magiquement ramenée à la vie. Cela devait en outre permettre au mort de pouvoir à nouveau utiliser normalement ses organes.

On procédait au rituel magique de remise en vie dans la maison dorée, tandis que les momies restaient dans la pièce d'embaumement. Après que la momie ou sa représentation avaient été purifiées conformément aux prescriptions, on apportait une offrande, en l'occurrence une cuisse de boeuf fraîchement abattu. L'animal sacrifié était censé remplir d'énergie corporelle l'objet destiné à être remis en vie. Ensuite on touchait successivement le visage de la statue ou de la momie avec les appareils présentés ci-contre. Elle était ainsi rechargée des énergies vitales. Ensuite elle était habillée, embaumée et conduite au repas sacrificiel.

Il n'est donc pas complètement étonnant, si l'on croit à la magie, d'accorder un certain crédit aux récits faisant état d'incidents étranges qui se seraient produits dans le contexte de fouilles archéologiques en Égypte : le rituel magique de remise en vie pratiqué par un certain nombre de cultures est tout à fait en mesure de créer des entités artificielles qui sont ensuite capables d'agir indéfiniment dans le monde psychique et physique.

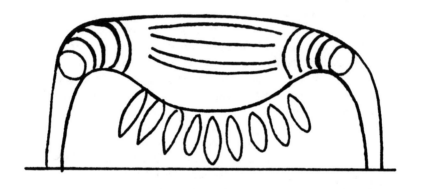

L'or

LE MÉTAL DES DIEUX : L'OR

On peut voir ici le symbole et le hiéroglyphe de l'or (cf p. 73).
Depuis toujours l'or a été considéré comme le métal des dieux, en
particulier du dieu-soleil. C'est ainsi que le dieu-soleil Rê fut désigné
comme étant "la montagne d'or qui rayonne sur la terre". Selon les
Égyptiens, les membres des dieux étaient d'or pur et son détenteur
pouvait lui conférer des facultés divines. C'est pourquoi les Égyptiens
dépensèrent beaucoup d'énergie et d'efforts pour obtenir le précieux
métal et qu'ils n'hésitèrent pas non plus à organiser des expéditions
et des attaques dangereuses pour en récupérer.

On recouvrait les défunts princiers d'un masque d'or tandis que
les gens du peuple devaient se contenter de voir leur visage recouvert
de jaune. On appelait "maisons d'or" les tombes pharaoniques richement décorées d'or. Sous le Nouvel Empire, les déesses Isis et
Nephthys étaient représentées à genoux sur le symbole de l'or. De
cette manière, on voulait s'assurer de leur protection.

Sphinx

LE SYMBOLE DE LA DIGNITÉ ROYALE : LE SPHINX

La figure du Sphinx provient d'une identification extrêmement ancienne du roi avec un lion, la tête de l'animal étant remplacée par celle du souverain. À l'origine, les sphinx étaient placés comme symboles du pouvoir royal à l'entrée des temples. Sous le Nouvel Empire, on n'attribua cependant plus au Sphynx que la position de gardien de tombes et de temples. Il en est ainsi du plus célèbre d'entre eux, le Sphinx de Guizeh. Sous le Nouvel Empire, le Sphinx fut associé au dieu-soleil Amon-Rê et reçut une tête de bélier à la place d'une tête humaine. La coiffe royal constitue une caractéristique supplémentaire de l'être mythique qui recouvre la base de la nuque et qui ne fut remplacé par une crinière de lion qu'avec le Sphinx Tanis sous le Moyen Empire.

On peut dire en résumé que le Sphinx est une personnification des propriétés divines et terrestres du pharaon.

Remarque : le concept égyptien du Sphinx est radicalement différent de la notion grecque qui, dans le langage courant, évoquait une figure féminine.

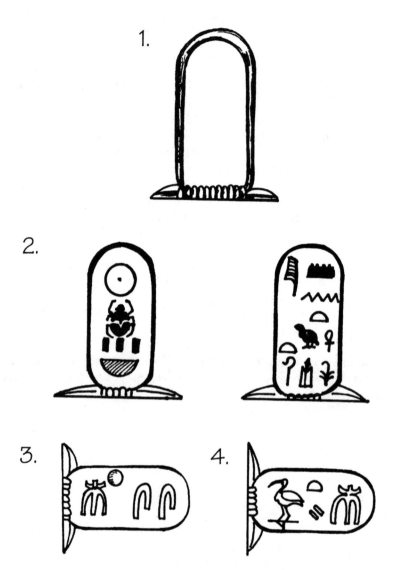

Anneau royal avec cartouches royaux

LE CARTOUCHE ROYAL

1. L'anneau royal qui est formé d'une corde nouée, symbolise le cosmos, "ce qui entoure le soleil". La forme ovale du cartouche provient de la forme circulaire de l'anneau royal. Elle convenait mieux aux nombreux hiéroglyphes. Le cartouche faisait office d'amulette magique pour protéger le roi. On donna cette forme d'anneau royal à quelques cercueils de souverains afin d'exprimer le fait que le pouvoir du pharaon s'étendait au monde entier.

2. Les deux dessins correspondent à des cartouches relatifs au nom de Toutankhamon, celui de gauche comportant en outre sa date de naissance indiquée par le symbole solaire qui le désigne comme étant le fils de Rê. Le cartouche de gauche montre son nom de souverain.

3. Ce cartouche du roi Ramsès est composé de signes ayant une valeur phonétique permettant d'écrire son nom.

4. Ce signe a pu être identifié comme étant celui de l'anneau royal du pharaon Thoutmosis. L'inscription contient un hiéroglyphe du dieu à tête d'ibis, Thot, et le symbole correspondant à sa naissance sur la partie droite et qui fut traduit :"celui qui a été mis au monde par Thot".

D'une manière générale, les écritures des noms royaux dans les cartouches peuvent considérablement varier dans la mesure où elles correspondent soi à des signes phonétiques, soi à des signes-mots (cf p. 33).

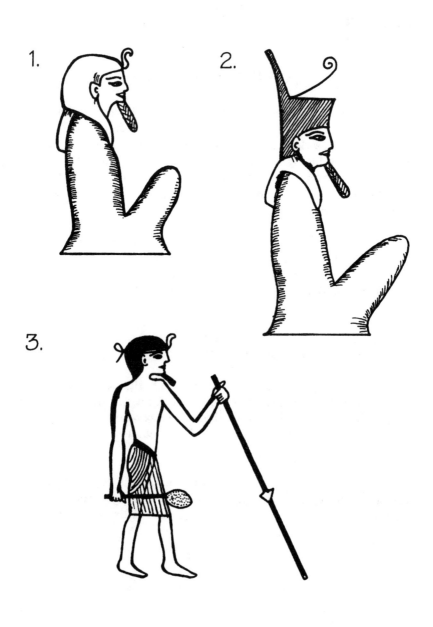

1.

2.

3.

L'ÉCRITURE DU MOT ROI

1. Ce hiéroglyphe fut utilisé quand les discours des pharaons étaient écrits à la première personne. Le statut de divinité du pharaon est ici clairement reconnaissable dans la mesure où il est très proche du symbole représentant dieu (cf p. 137). Afin de pouvoir être distinguée, cette figure est pourvue d'une perruque et d'une barbe droite. En outre on reconnaît le serpent Urœus comme attribut supplémentaire.

2. Une variante du symbole apparu au moment de la réunification des deux empires montre le hiéroglyphe royal avec la couronne de la Basse Égypte. Il désigne le souverain de Basse Égypte. Pour le pharaon de la Haute Égypte, le hiéroglyphe comporte une couronne blanche de Haute Égypte (qui n'est pas représentée sur cette image).

3. Le hiéroglyphe montrant le souverain en fonction avec bâton et sceptre était également utilisé dans les inscriptions et sur les fresques.

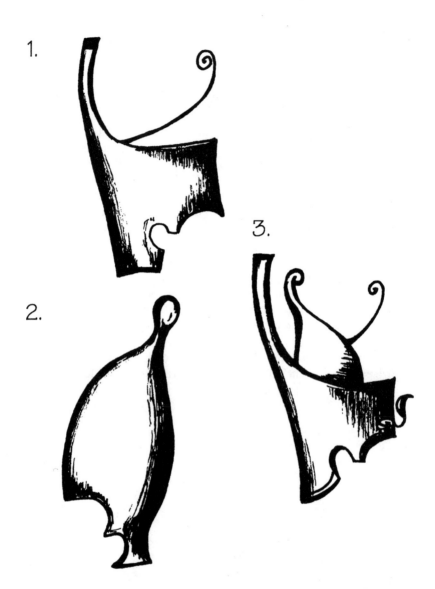

La couronne rouge, la couronne blanche et la double couronne

LES COURONNES DES PHARAONS

1. Cette illustration montre la "couronne rouge" de la Basse Égypte. Elle était considérée comme l'incarnation de la déesse Uto chargée de la protection de la Basse Égypte représentée sous forme de serpent.

2. La "couronne blanche" de la Haute Égypte était le symbole de la déesse royale de cette province, Nechbet, la déesse vautour.

3. Ici on peut voir la double couronne qui réunit les deux formes décrites précédemment. Elle fut portée par les pharaons après la réunification des deux empires vers 2850 avant notre ère, effectuée à l'instigation du roi légendaire Ménès. Depuis ce temps, le serpent Urœus ornait la partie avant de la couronne comme flamme protectrice.

D'une manière générale, les couronnes étaient censées exprimer le pouvoir de ceux qui les portaient et qui étaient considérés comme des personnes tirant leur autorité directement des divinités. Elles devaient en outre manifester les propriétés spécifiques à un souverain. C'est ainsi que les rois se mirent à porter à partir de la 18ème dynastie d'étroits casques bleus ornés d'or qui ressemblaient à des casques de guerre.

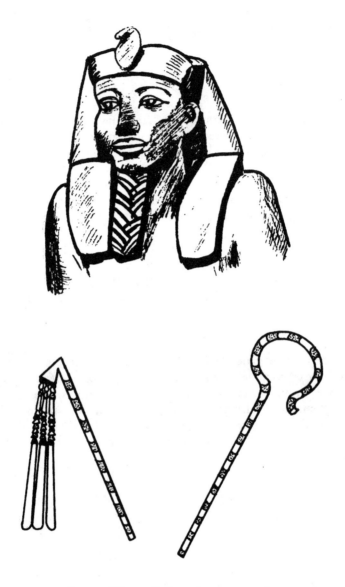

Les emblèmes de la puissance royale

LA COIFFE ROYALE

La coiffe royale (fig 1) était le symbole de la déesse vautour Nechbet en Basse Égypte ; d'après ce qu'en rapporte la tradition, elle accompagnait le roi dans les batailles et le protégeait avec un drap blanc.

La barbe artificielle tressée à la manière d'une natte étaient considérée comme la marque de la dignité aussi bien pour les dieux que pour les rois. Comme les divinités étaient censées porter des cheveux bleus, leurs barbes aussi devaient avoir la couleur du Lapis-lazuli.

LA CROSSE ET LE FLÉAU

Sur cette illustration on peut voir les emblèmes royaux les plus importants : la crosse et le fléau. La crosse provient à l'origine de celle qu'utilisait les pâtres et était utilisée pour retenir par les pattes les animaux qui n'obéissaient pas. Dans cette version allongée, c'est aussi l'attribut du dieu berger, Anezti. Dans différentes autres représentations, la crosse était aussi utilisée comme sceptre par les hauts dignitaires. Le symbole de la crosse correspond dans l'écriture en hiéroglyphes à la notion de "règne".

Le fléau correspondait toujours à la marque des dieux Osiris et Min. Dans la main du roi, il devenait le symbole du souverain. Il était considéré comme un chasse-mouche ou comme le fouet de berger du dieu Anezti qui régnait sur les districts orientaux. Dans la mesure où le chasse-mouche était très utilisé en Afrique pour chasser les mauvais esprits, cette interprétation est manifestement la plus plausible.

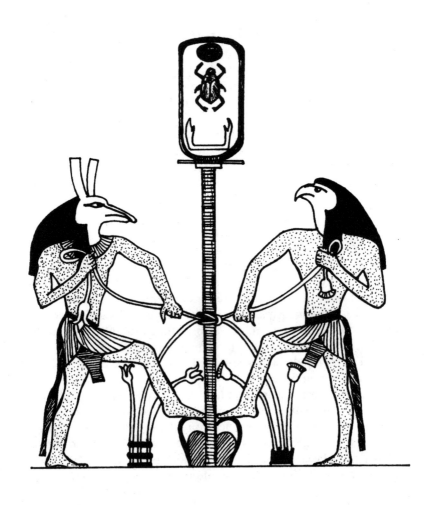

*Seth et Horus relient les plantes héraldiques
de la Haute et de la Basse Égypte*

LA RÉUNIFICATION DE LA HAUTE ET DE LA BASSE ÉGYPTE

La réunification de la Haute et de la Basse Égypte était souvent représentée sous la forme du lien rassemblant les ennemis Horus et Seth. Ils nouent ensemble les plantes héraldiques des deux pays, le lis (pour la Haute Égypte) et le papyrus (pour la Basse Égypte) autour du symbole du poumon dont émerge une trachée artère. La représentation est surmontée en guise de couronne par un cartouche où est inscrit le nom des deux souverains.

Les images de cette sorte sont visibles sur les trônes des statues représentant les rois car cet acte symbolique de la réunification des deux parties de l'Égypte devait être réaffirmé à chaque passation de pouvoir. Dans certaines variantes, le dieu Thot pouvait prendre la place de Seth.

Une autre représentation de cet événement historique montre la réunification des forces féminines comme un rapprochement des deux déesses protectrices Uto et Nechbet sous la forme de cobra et de vautour.

165

1.

3.

2.

4.

Ankh, La clé de vie, Tet et Schen

LE SYMBOLE DE VIE

1. L'Ankh – clé ou croix de vie – est depuis toujours été le symbole de la vie éternelle en Égypte, dans l'existence terrestre comme dans l'au-delà. C'est un symbole qui est tellement attaché à cette tradition que les chrétiens coptes d'Égypte l'ont repris à leur compte en guise de croix.

Dans beaucoup de représentations, les dieux tiennent une croix d'Ankh dans la main ou le tendent aux humains. Il s'agit ici du souffle de vie mis en évidence, l'étincelle divine en quelque sorte, à travers laquelle toute vie devient possible et sans laquelle aucune vie ne peut exister. Par ailleurs, ce symbole renvoie aux propriétés dispensatrices de vie de l'eau et de l'air comme éléments. L'origine de cette forme est en fait non-élucidée. Il peut s'agir aussi bien d'un noeud magique que de quelque chose ayant trait à la sexualité. Une autre interprétation tend à défendre l'hypothèse selon laquelle ce symbole serait le lien entre la croix d'Osiris en forme de T et la forme ovale d'Isis qui fait penser à un récipient recueillant les mystères de la vie.

2. La clé de vie fut portée sous cette forme en guise d'amulette par la population en général.

3. Le symbole Tet, qui est aussi désigné comme étant le sang d'Isis était placé à côté des défunts en guise d'amulette. Il ressemble à un Ankh dont les bras sont repliés vers le bas. Relié à une stèle Djed que l'on trouve sur les parois des temples et les sarcophages, il évoque l'unification des forces contraires et par là même la force de vie qui se renouvelle en permanence.

4. Ici on peut voir un anneau Schen qui est aussi le hiéroglyphe qui signifie "l'éternité". On peut le voir souvent sur des fresques représentant des animaux-dieux.

1.

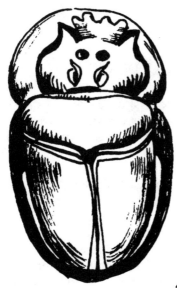

2.

Scarabée

ⳤ ⳤ ⳤ ⳤ ⳤ ⳤ ⳤ ⳤ ⳤ ⳤ ⳤ ⳤ ⳤ ⳤ

LE SYMBOLE DU RENOUVELLEMENT DE LA VIE

L'illustration 1 montre une amulette représentant un bousier. Les Égyptiens considéraient la petite boule de fumier que pousse inlassablement devant lui cet insecte comme l'image du disque solaire et une manifestation de Chepre, le dieu du soleil levant. Par ailleurs on partait aussi du principe qu'il n'existait que des mâles dans cette espèce car sa progéniture surgissait au bout d'un certain temps comme par enchantement, sans fécondation, de la boule de fumier. Il symbolisait en fait de cette manière l'architecte de l'univers qui est issu de lui-même. Le scarabée était considéré aussi comme une manifestation du dieu créateur Atoum et du dieu-soleil. Sa puissante amulette était donnée aux défunts comme symbole de vie nouvelle ; on la mettait d'ailleurs à la place du coeur.

2. "Que ton nom puisse durer, que des enfants te soient donnés". Telle est la traduction de l'inscription traditionnelle que l'on trouve sur la face antérieure des amulettes de scarabée.

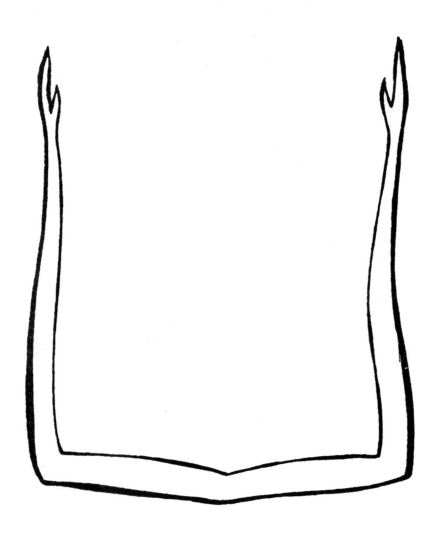

Ka

LE SYMBOLE DE L'ESPRIT IMMORTEL : KA

La force de vie spirituelle et psychique d'un être vivant était appelée Ka et symbolisée par deux bras levés. L'attitude de défense était censée protéger contre les forces négatives susceptibles de menacer l'énergie vitale. La coiffe de Ka étaient souvent portée par les pharaons car en plus de sa fonction de protection, Ka symbolisait aussi la force spirituelle des dieux qui pouvait être transposée en faveur des rois.

Ka était dans les temps les plus reculés une désignation de la force procréatrice masculine et se retransmettait de père en fils. Il n'était ainsi pas seulement le pilier de la force de vie individuelle mais aussi le gardien de l'héritage. Mais sa signification s'étendit bientôt à l'ensemble de la force spirituelle et psychique de celui qui le portait et devint le symbole du corps subtil qui accompagne le corps physique à la naissance et qui survit après la mort. C'est ainsi que la notion de "mort" étaient éludée en ayant recours à la métaphore consistant à dire "aller à son Ka". Dans la mesure où le Ka avait lui aussi besoin de nourriture, on lui en laissait en offrande placée dans la tombe ou on la représentait symboliquement sur des fresques murales, ce qui permettait complètement de satisfaire l'appétit de l'esprit. L'alimentation était considérée, en plus de sa fonction purement biologique, comme le vecteur des forces spirituelles.

Le cycle de la renaissance et du monde inférieur

L'AU-DELÀ

Le cercle, qui est ici entouré d'une étoile, symbolise d'une part le cycle de la renaissance éternelle, et d'autre part le domaine clos du monde souterrain, du monde inférieur où se trouvent en fait tous les défunts qui avaient réussi l'examen de passage.

Les rites mortuaires et les guides spirituels dans le monde d'ici-bas devaient sécuriser la liberté de mouvement des âmes des défunts dans l'au-delà. Dans cet autre monde, on procédait à une stricte séparation entre les pécheurs et les bonnes âmes, chacun se voyant attribué des domaines de responsabilité différents. Les personnes qui avaient veillé à promouvoir la justice pouvaient escompter une situation paradisiaque. Toutefois, l'ensemble des âmes devaient s'acquitter de certaines tâches qui étaient utiles à leur évolution personnelle.

Corps d'ombre

LE SPECTRE/OMBRE

La fresque montre le fantôme du défunt Nachtamun au moment où il quitte sa tombe qui a l'aspect d'un temple. L'état de spectre ou de fantôme doit être perçu comme le corps subtile du mort qui peut à tout moment quitter la tombe en compagnie de l'âme-oiseau Ba. Dans la personne en vie, le corps physique s'unit à la force de vie Ka, avec l'entité psychique et spirituelle Ba et avec son spectre pour former une unité. C'est pourquoi l'on peut dire que le fantôme est en fait le corps astral qui survit après la mort sans pouvoir être vu des vivants en général.

La notion de fantôme incluait en fait aussi celle d'ombre compte-tenu de son importance dans un pays constitué essentiellement d'un désert connaissant des températures extrêmement élevées. C'est ainsi que le roi, qui avait les faveurs du dieu-soleil, était appelé l'"ombre de Rê".

Sarcophage

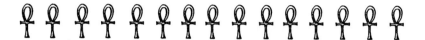

LA MAISON DU MORT : LE SARCOPHAGE

Le cercueil en bois reproduit ci-contre contenait la momie d'un prêtre de Thèbes. Il servait à la protection du corps du défunt et était considéré comme la demeure du défunt, sa maison. Des portes peintes sur les côtés, aussi bien à l'intérieur qu'à l'extérieur, devaient permettre au mort de quitter son sarcophage quand il le souhaitait. Par ailleurs, les yeux peints à l'intérieur du sarcophage, pratique courante dans les époques les plus récentes, étaient censés établir le contact avec le monde extérieur.

Le cercueil était décoré de nombreuses maximes et représentations picturales qui devaient donner au mort les forces de l'éternité. C'est ainsi qu'on reconnaît par exemple Nephthys et Isis en train d'éventer le défunt de leurs ailes afin de lui donner le souffle de vie. Les quatre fils d'Horus représentent la relation aux organes intérieurs qui étaient conservés dans des récipients séparés. Le couvercle du cercueil comportait en principe une représentation de la déesse céleste Nout symbolisant la résurrection. Une image de vautour se trouve souvent au niveau du poitrail du cercueil afin de protéger le coeur du défunt. À l'époque moderne, on remplaça ce symbole par un scarabée sacré.

Par ailleurs, les cercueils comportaient également en général les symboles des divinités protectrices personnelles du mort et, sur les "Kh" qui s'entrecroisent en formant un X, on pouvait lire sur le nom et le rang social du défunt.

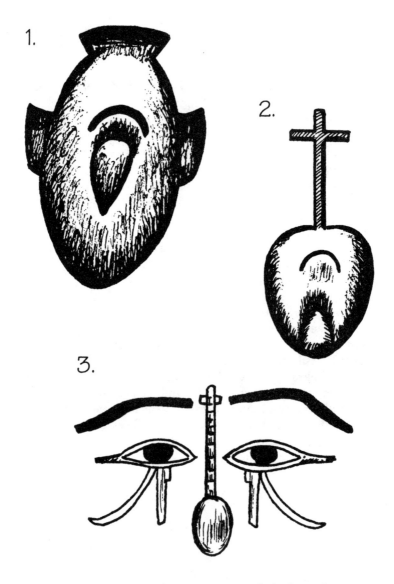

Coeur, coeur avec trachée artère et symbole de perfection

LE SIÈGE DE LA PERSONNALITÉ : LE CŒUR

1. Le dessin est une fidèle restitution d'un coeur de mouton. Le coeur était considéré comme l'organe central dont dépendaient tous les processus du corps, de l'esprit et de l'âme. Dans la mesure où il pompe le sang dans toutes les autres parties du corps, il était considéré comme le siège de la personnalité.

Il existait déjà dans l'Égypte antique une réelle capacité à appréhender les processus physiologiques circulatoires sur le terrain scientifique, mais les considérations religieuses qui faisaient du coeur le point de départ de toutes les actions émotionnelles et intellectuelles jouissaient d'une considération tout à fait équivalente.

En raison de son rôle central, le coeur était le seul organe à être laissé dans le corps au moment de la momification car ce n'est que comme ça que le mort pouvait continuer sa vie dans l'au-delà. Afin que le coeur ne témoigne pas contre le défunt au moment du jugement devant le tribunal de l'au-delà qui procédait à la pesée du coeur en utilisant une plume en guise de tare, on plaçait à ses côtés dans la tombe une amulette de scarabée enveloppée en forme de coeur.

2. Le hiéroglyphe renvoyant à la notion du bien, un coeur surmonté de la trachée artère, caractérisait souvent les personnes qui étaient appréciées pour leur vertu d'intégrité et de bonté et qui n'exprimaient que des paroles de vérité. L'Égypte antique mettait en effet à l'honneur l'attitude consistant à exprimer ce que le coeur pensait.

Ce symbole se rapportait également aux notions de justice et de jurisprudence censées restituer ce que le coeur percevait.

3. De nombreuses autres représentations intégraient ce symbole de la perfection comme ici avec ce portrait de l'épouse du dieu Amon. C'était aussi un porte-bonheur.

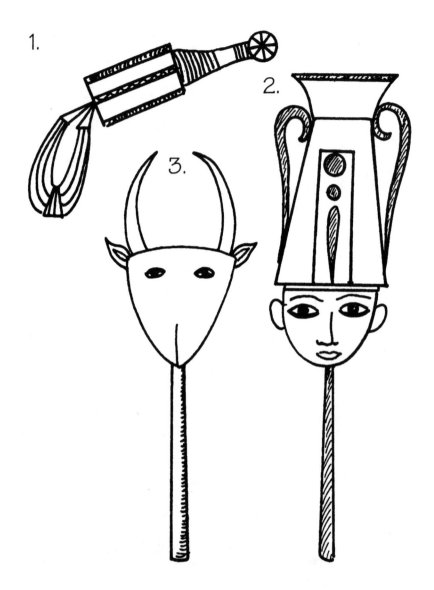

Collier de perle (Menit), sistre et Bat

LES OBJETS MAGIQUES :
LE COLLIER-MENIT, LE SISTRE ET LE BAT

1. Le collier de perle appelé Menit était considéré comme un bijou doté de vertus curatives appartenant à la déesse Hathor. Il était composé d'une lourde chaîne dont le poids était contrebalancé par un autre objet, en l'occurrence une poupée féminine stylisée, symbole de fertilité. Ces colliers étaient aussi portées par d'autres déesses, mais toujours dans le cadre du culte rendu à Hathor. Les prêtresses d'Hathor utilisaient aussi ce bijou en même temps que le sistre pour en obtenir un certain son pendant les cérémonies. Elles s'emparaient de la chaîne d'une main et la bougeaient rythmiquement de bas en haut provoquant ainsi un cliquetis caractéristique résultant de pièces de métal disposées d'une certaine manière.

2. Le sistre était un instrument provoquant un bruit de cliquetis utilisé par la déesse Hathor pour donner ses bénédictions. On comparait le son qu'il produisait avec le bruissement des broussailles de papyrus, et c'est pourquoi on lui attribuait le pouvoir d'intercéder auprès des divinités. C'est en particulier les aspects féminins les plus dangereux des déesses rapaces qu'il s'agissait d'apaiser. Cet instrument était en général en métal et montrait le double visage de la déesse, l'un incarnant l'aspect d'Isis, l'autre celui de Nephthys. Les deux déesses symbolisent la vie et la mort d'une manière propre au dualisme égyptien. La déesse porte sur la tête une châsse sacrée encadrée par des cornes de vache.

3. Le Bat est une variante plus ancienne du sistre, il comporte une représentation de la déesse Bat. Au fil du temps, cette sorte de crécelle pourvue du symbole de la déesse Hathor se confondit avec le sistre à double visage dont l'une des faces regarde devant tandis que l'autre regarde derrière.

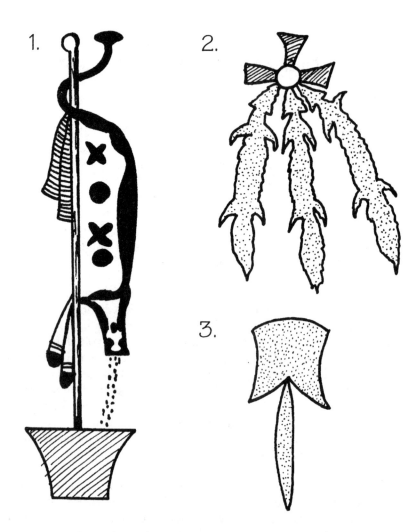

1.

2.

3.

Fétiche en peau de vache Imiut, symboles de la naissance
et hiéroglyphe désignant la peau de la vache

LE FÉTICHE IMIUT

L'histoire de ce fétiche (fig 1) remonte à la première dynastie. On avait fixé une peau de bovin sans tête sur une perche plantée dans un pot. Ce fétiche était destiné à assurer la protection du trône royal. Ce n'est que plus tard qu'Imiut fut intégré au culte du dieu des morts Anubis et qu'on mit alors une réplique en bois de ce dieu dans les tombes des défunts issus de la noblesse.

LES PEAUX D'ANIMAUX

Les peaux d'animaux désignent souvent la phase transitoire entre les deux mondes. C'est pourquoi le symbole relatif à la naissance se compose de trois peaux de renard tenues à une même extrémité, car le corps, l'esprit et l'âme doivent se manifester dans notre monde (fig 2).

Ce hiéroglyphe (fig 3) correspond à l'écriture designant la peau d'une vache, mais il pouvait aussi se rapporter dans d'autres textes à des peaux d'autres animaux. Les pelages étaient d'une manière générale considérés comme le médium d'une métamorphose extérieure entraînant aussi une transformation intérieure.

1.

2.

Un Djed

LE FÉTICHE D'OSIRIS ET DE PTAH : LE DJED

1. À l'origine, le culte de la stèle Djed remonte à la période préhistorique, sa signification d'alors n'a toujours pas été élucidée complètement. Il est en revanche certain qu'il s'est agi dès le départ d'un symbole de fertilité. Le hiéroglyphe comporte le phonème "ddi", ce qui signifie "durée" et "constance".

Le fétiche était constitué soi d'une colonne à la quelle étaient fixées des gerbes de céréales, ou bien il s'agissait d'un arbre dont on avait coupé les branches qui étaient ensuite reliées ensemble. Le Djed avait un rôle important dans les rituels campagnards liés à la fertilité. Il représentait la puissance grâce à laquelle la force des céréales devait être préservée. Il y avait à Memphis déjà depuis longtemps un prêtre chargé du Djed assimilé alors à la principale divinité locale Ptah ; on organisait alors des cérémonies d'"érection du Djed". En même temps, on fêtait dans le cadre de ce rituel la résurrection du dieu de la nécropole, Sokaris, qui était aussi assimilé à Ptah. Ce rite était exécuté par le roi lui-même avec la collaboration des prêtres et était associé à l'espoir d'une royauté stable et durable.

Le Djed comme amulette promettait stabilité et puissance éternelle.

2. Le deuxième variante montre Osiris sous forme de Djed comme symbole de victoire sur son frère et ennemi Seth. Ce n'est que sous le Nouvel Empire que le Djed fut associé à Osiris quand il finit par être assimilé avec le dieu des morts, Sokaris. Dans la mesure où le Djed symbolise la colonne vertébrale du dieu, il était souvent peint sur les fonds de cercueils à l'endroit où venait s'appuyer la colonne vertébrale du défunt.

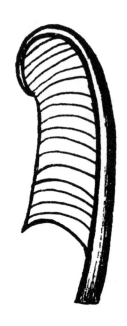

Plumes et éventails

PLUMES ET ÉVENTAILS

Le hiéroglyphe de "plume" peut contenir le phonème "mzct" et ainsi avoir la signification de "vérité" et de "justice". Ce hiéroglyphe a la forme d'une plume blanche d'autruche qui était en général associée à la légèreté et à la non-pesanteur et symbolisait simultanément l'air. C'est aussi l'emblème de la déesse Maât qui régissait l'équilibre cosmique et les relations entre les dieux et les humains. La préservation de l'harmonie cosmique était en effet le devoir suprême du souverain qui avait pour mission d'en assurer la réalisation terrestre au sein de son empire. Ce symbole est en outre souvent présent sur les inscriptions mortuaires des tombeaux où il est assimilé au dieu Anubis ; ce dernier tient une balance dont l'un des plateaux contient le coeur du défunt et l'autre une plume. En l'occurrence, la plume indique alors la légèreté d'un coeur pur et désigne d'une manière générale la vérité.

L'illustration ci-dessous montre une servante tenant un éventail en plumes qu'elle utilise dans le cadre d'une offrande d'onguents. Ces éventails étaient considérés comme des moyens d'intercession pour jouir de la protection divine et faisaient partie des symboles du culte du dieu de la fertilité Min. On en trouve souvent sur les peintures où ils sont placés derrière des animaux sacrés. Les éventails étaient associés aux spectres des personnes défuntes dans la mesure où ils étaient utilisés pour le bien-être des esprits à l'état d'ombre/fantôme. Cette signification vaut en particulier pour les représentations où ils apparaissent en compagnie de l'oiseau Ba.

GESTES ET POSTURES

Attitude d'humilité

ADORATION

Cette posture se retrouve aussi dans l'écriture du hiéroglyphe qui décrit l'action. Le priant peut avoir une position debout ou assise. Ce qui caractérise l'adoration, c'est la gestuelle d'humilité consistant à tenir les mains vers l'avant en direction de la divinité. La plupart du temps, le dieu est absent des ces représentations, mais en réalité sa présence invisible se trahit dans la posture même du priant. Les représentations traditionnelles montrent volontiers le pharaon adoptant une posture d'humilité présentant les paumes de ses mains à la divinité.

On voit souvent les souverains étrangers réduits à la soumission, vaincus et faits prisonniers, représentés dans cette posture d'adoration devant le pharaon afin de souligner leur capitulation et d'exprimer leur situation de vulnérabilité.

Geste d'imploration

L'IMPLORATEUR

Un prêtre fait ici une révérence pendant une procession en adoptant la gestuelle caractéristique de l'implorateur face à une divinité. Ceux qui portaient la barque sacrée contenant l'image de la divinité veillaient aussi à avoir le bras libre levé présentant la paume de la main vers le haut.

Un point important du langage corporel consistait à être légèrement incliné afin de bien manifester qu'on n'avait aucune agressivité en soi.

Le hiéroglyphe relatif au mot "appeler/demander" correspond à la même posture que celle adoptée par l'homme que nous pouvons voir ci-contre. Il a un bras qui est toujours en position basse, tandis que l'autre est plus ou moins plié vers le haut et présente la paume de la main vers le haut ou vers l'avant.

193

Hatschepsut et Thutmosis III

L'HUMILITÉ ROYALE

1. Le bas-relief montre la reine Hatschepsut qui se fit représenter sous une apparence masculine, en position à genoux devant le dieu Amon. Les pharaons aimaient en général se faire représenter dans une posture d'humilité, mais exclusivement dans le contexte de leur confrontation aux divinités. Le dieu assis, Amon, procède ici à la bénédiction de Hatschepsut en levant les mains au-dessus de la tête de ce dernier.

2. Thutmosis III est ici aussi représenté à genoux dans une posture d'humilité devant Amon (qui n'est pas visible sur l'image). Il tient dans ses mains deux récipients à offrandes avec des présents qu'il vient donner en offrande au dieu. Thutmosis effectue ici la gestuelle traditionnelle de l'offrande.

Soumission de l'ennemi

LE PRISONNIER

L'idéogramme représentant un homme en situation de complète soumission renvoie à la notion d'ennemi ou de rebelle.

En Égypte, cette représentation de l'ennemi réduit à la soumission et à l'immobilité avait en fait une fonction magique de défense. On croyait alors que le fait de représenter quelque chose symboliquement avait une fonction agissante dans la réalité. Les représentations de prisonniers, notamment sur des bas-reliefs, montrent toujours les traits caractéristiques des peuples auxquels ils appartenaient. Attachés à des poteaux d'exécution, les prisonniers des époques les plus anciennes étaient sacrifiés aux dieux.

Des figures faites en argile et représentants des ennemis attachés servaient à prononcer des malédictions. Ces dernières ressemblaient à un souverain ennemi et portaient son nom. Comme dans les autres cultes vaudou que nous connaissons maintenant, ces figurines étaient ensuite mises en pièces rituellement afin de détruire la personne.

Le salut au dieu-soleil

JUBILATION

Généralement, l'image représentant une figure masculine se tapant la poitrine avec son poing et tenant l'autre poing au-dessus de la tête, correspond à l'expression d'une joie de jubilation.

Il s'agissait en fait probablement d'une série de gestes au cours de laquelle l'homme ou le dieu se frappait la poitrine chacun l'un après l'autre. C'est ainsi qu'on célébrait l'arrivée du dieu-soleil dans le monde céleste. On procédait de la même manière pour saluer l'arrivée du pharaon au sein de sa cour : sa suite complétait le chant des hymnes en se frappant bruyamment la poitrine. Cela correspondait en fait à la réaffirmation magique de l'unité autour du pouvoir royal. Pendant l'exécution de ce geste rituel, on prenait une posture consistant à se mettre à moitié à genou tout en mettant un pied à plat.

Dans quelques rares cas, le hiéroglyphe correspondant à cette image pouvait exprimer la plainte d'un mort.

Sur cette illustration on peut voir une divinité à tête de chacal qui salue extatiquement le dieu-soleil.

La purification par les encens

FAIRE BRÛLER DES ENCENS

Sur cette frise, Thutmosis III procède à une brûlure d'encens à l'occasion d'une procession en barque que reçoit la reine Hatschepsut. L'encens était considéré comme le parfum des dieux aux propriétés surnaturelles permettant de chasser les mauvaises forces. Lors des rituels, l'encens servait à purifier les endroits où ils se tenaient. De cette manière, on cherchait à s'assurer que par exemple les réponses aux questions posées aux oracles provenaient bien des dieux.

L'encens sacré était également utilisé dans les meilleurs cercles de la société pour embaumer l'air de senteurs agréables.

Pour ce qui est de son hiéroglyphe, la brûlure d'encens était représentée par l'encensoir que l'on peut voir ci-contre.

Un prêtre lors d'un lavement rituel

LA PURETÉ

La pureté intérieure et extérieure était considérée généralement comme la vertu suprême. C'est pourquoi les prêtres respectaient toute une série de tabous religieux en faveur d'une ascèse touchant à tous les domaines de l'existence afin d'être respecté par les dieux avec lesquels ils étaient en contact. Les serviteurs des divinités se rasaient donc l'ensemble du corps et du crâne et s'abstenaient de manger du poisson. Leurs habits étaient en lin car ce matériau ne provenait pas d'un être vivant.

Le dessin représente le prêtre Niaii effectuant un lavement rituel qu'il reçoit du vase sacré des dieux. Dans l'Égypte antique, les sages connaissaient déjà la force magnétique de l'eau qui pouvait purifier de toutes les impuretés extérieures et intérieures. C'est la raison pour laquelle les prêtres se lavaient plusieurs fois par jour.

L'idéogramme du mot "pur" est fait à partir de la représentation d'un homme dans une posture de prière recevant un filet d'eau.

1.

2.

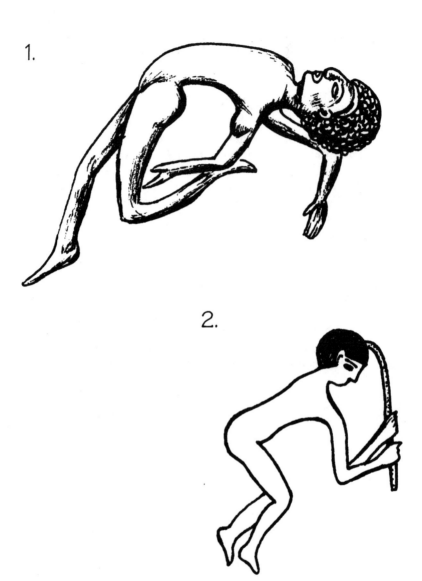

Symboles de la mort

LA POSTURE DU MOURANT

La figure 1 montre un homme mourant se tordant les membres. L'idée de la mort violente était associée chez les Égyptiens à quelque chose de terrifiant et contre nature. Aussi les représentations de ce genre se rapportaient-elles toujours à des scènes de chasse ou de guerre dans le contexte de la confrontation à des peuples étrangers ou ennemis. On considérait la mort comme une douloureuse inversion de la vie et on s'efforçait tout le temps de se préserver de ce moment en ayant recours à toutes sortes de moyens magiques. Ce déploiement d'efforts pour s'assurer la vie au-delà de la mort et un éternel retour vers la vie étaient conçus de manière à mettre entre parenthèses ce moment tant redouté en l'excluant de la conscience.

2. Le hiéroglyphe des mots "mourir" et "ennemi" est le seul à symboliser l'instant de la mort. Ultérieurement, ce même hiéroglyphe servait aussi à évoquer le suicide. La posture de l'homme en train de tomber et dont le sang s'écoule de la tête évoque une certaine dynamique. Après la 20ème dynastie, le sang fut remplacé le plus souvent par une hache suggérant plutôt le suicide.

La posture du vainqueur

LE TRIOMPHE

Le hiéroglyphe correspondant à cette image signifie "se réjouir".
On y voit le général Haremhab adoptant la pose du vainqueur. La
représentation d'une personne mettant ses bras en l'air constituait par
excellence dans l'Égypte antique un geste de joie et de triomphe.
L'impression de légèreté est restituée par la représentation des bras
élevés au-dessus de la tête, ce qui suggère un lien avec le ciel. On
trouve souvent des gestuelles de cette sorte sur des images qui représentent un oracle proclamant une bonne nouvelle ou un jugement
favorable à un accusé et émanant d'un tribunal aussi bien terrestre
que divin. Cette posture caractérisait également les sujets bénéficiant
d'un honneur particulier de la part du pharaon ou encore les responsables militaires qui exprimaient ainsi leur joie d'avoir gagné une
bataille.

La victoire du roi sur les forces des ténèbres

LA SOUMISSION

L'image montre le roi Thutmosis IV mettant à mort un asiatique. Le vaincu est facilement reconnaissable comme étranger à sa coupe de cheveux. Le fait que le pharaon l'attrape par les cheveux est destiné à manifester son infinie supériorité sur son adversaire. Cette posture traditionnelle de la "victoire sur l'ennemi" symbolise la victoire du roi sur les forces des ténèbres.

Cette action se réfère en fait à la séparation du sacré par rapport au profane ; elle est presque toujours symbolique dans la mesure où les scènes représentées n'ont en général pas eu lieu dans la réalité. La signification de la massue ou du bâton dont le roi se sert pour tuer n'a toujours pas été à ce jour clairement élucidée. Il s'agit en effet probablement plus d'une arme symbolique ou magique destinée à écarter les influences négatives ou les forces du mal que d'une véritable arme de guerre.

Force, concentration, résolution

SAVOIR CE QUE L'ON VEUT

L'arc symbolise depuis toujours le pouvoir du roi sur les peuples soumis et fut associé à la déesse de la guerre Neith. Aussi l'archer devint-il le symbole même du guerrier. La force de la concentration, la rapidité, l'état de la personne faisant preuve de résolution étaient associés à cette figure. Le fait qu'ils étaient représentés avec une peau noire tient au fait qu'il s'agissait pour la plupart de mercenaires africains le plus souvent d'origine nubienne. Leur vêtement était composé d'un pagne qui leur donnait une totale liberté de mouvement. Autour de la tête, ils portaient un bandeau avec une plume symbolisant l'état de guerre.

Le hiéroglyphe de l'archer qui signifiait "l'armée" montre un guerrier qui se trouve ou bien dans une posture assise correspondant à un certain état de tension, ou bien dans une posture fière d'homme en marche.

LES PERSONNALITÉS
HISTORIQUES

Le réformateur et visionnaire

ACHENATON

La personnalité d'Achenaton est assurément celle qui est la plus controversée de l'histoire de l'Antiquité égyptienne. Dans les textes provenant de la 19ème dynastie, il fut appelé le "criminel d'Armana", tandis qu'ultérieurement il fut aussi désigné comme un "esprit courageux" et comme un "idéaliste sincère". Le nom de naissance d'Achenaton était en fait Amenhotep IV jusqu'à la cinquième année de son règne. Avant son entrée en fonction comme successeur de son père Amenhotep III, il était déjà marié avec Nefertiti. C'était un grand mystique qui était spirituellement très en avance sur son époque.

Dans la mesure où ses idées révolutionnaires se heurtèrent aux fortes réticences de la population, il voulut imposer sa conception du monde avec violence. Il fut en fait le premier souverain à introduire le monothéisme en Égypte, ce qui se traduisit par une interdiction des cultes traditionnels des divinités polythéistes au profit d'un seul et unique dieu : Aton. Dans ce but, il fit enlever les noms des dieux inscrits sur les représentations et les sculptures afin de leur enlever toute identité. Le nouveau dieu impérial ne pouvait donc plus être vénéré sous une apparence familière humaine ou animale, et se présentait donc sous la forme d'un disque solaire dont les rayons se transformaient en bras ou en mains. On ne pouvait dès lors plus faire d'offrandes qu'à ce seul dieu comme entité suprême. L'on sait qu'il se fit beaucoup d'ennemis en raison de ses convictions fanatiques qui le poussèrent à engager des réformes religieuses aux dépens des affaires de l'État, notamment de sa politique extérieure. Et comme il fit poursuivre systématiquement ses opposants, on lui reprocha d'avoir édifié un État véritablement policier.

En dehors du domaine religieux, l'art fut également soumis à une réorientation fondamentale. Au lieu des représentations habituelles et idéalisées caractéristiques de la tradition artistique égyptienne, Achenaton exigea des oeuvres d'art proches de la réalité et personnelles. Aussi peut-on d'ailleurs considérer la sculpture de ce roi et de sa femme Nefertiti comme les premiers portraits réalistes de l'histoire égyptienne. En outre on assista sous son règne aux premières impulsions en faveur de la restitution de l'espace et de situations réelles laissant transparaître le mouvement et l'émotion. La fin du règne d'Achenaton s'est perdu dans les zones obscures de l'Histoire et on ignore jusqu'à l'endroit où il fut enterré. Son fils, Toutankhamon, lui succéda et entreprit de supprimer l'essentiel des réformes introduites par son père.

Le symbole de l'androgynie et de la résolution

HATSCHEPSUT

La reine Hatschepsut vécut pendant son règne essentiellement les aspects masculins de sa personnalité. Après le cours règne de son mari Thutmosis II, elle réussit à évincer son successeur Thutmosis III qui n'avait pas atteint sa majorité, en se faisant nommer pharaon à sa place. Elle se mit alors à incarner un personnage masculin, n'apparaissant qu'en vêtement masculin et se faisant appeler avec un nom d'homme. Sa propension à introduire des réformes audacieuses lui valut autant d'ennemis que d'adversaires. Son style de conduite du pouvoir apparaît aujourd'hui encore extrêmement moderne. Son caractère était décrit comme des plus résolu, dévoré d'ambition et têtu dès lors qu'il s'agissait d'introduire des réformes. Elle ne laissait pas transparaître la moindre trace de féminité ou d'affectivité féminine dans sa logique intellectuelle et dans sa rigueur religieuse. Mais elle n'en parvint pas moins à rassembler autour d'elle une suite fidèle sensible à son charisme.

Après sa disparition suite à une mort probablement violente, c'est Thutmosis III qui prit finalement quand même sa succession ; il s'agissait en fait du fils d'une concubine de son père. Pour légitimer sa prise du pouvoir, ce dernier fit détruire les statues de la reine ainsi que la plupart de ses représentations picturales sur les monuments. Il fit jusqu'à disparaître son évocation des écrits officiels de la dynastie afin d'éliminer des mémoires la trace de celle qui était considérée comme une souveraine illégitime.

Image originelle de la beauté et de l'intelligence

CLÉOPÂTRE

La représentation ci-contre est un buste romain de la reine égyptienne. Sa personnalité fut décrite comme "exceptionnelle sur le plan de son intelligence et de sa culture". Elle sut, grâce à son charme et à son esprit, faire la conquête d'hommes importants afin de parvenir à ses fins. Cléopâtre était l'incarnation même de la féminité, en l'occurrence au service de la dimension visionnaire de sa personnalité. Elle aimait aussi bien la beauté et la passion amoureuse que le jeu du pouvoir politique.

Cléopâtre parvint à s'emparer du pouvoir à la mort de son père, Ptolémaios XII, en évinçant son frère encore mineur, Ptolémaios XIII. Elle fut néanmoins contrainte à l'exil en Syrie. Ce n'est qu'avec l'aide des Romains qu'elle put reconquérir le trône égyptien. Elle eut un enfant avec l'empereur romain Jules César et, presqu'au même moment, eut une liaison amoureuse avec un général romain, Antonius. De cette liaison naquirent des jumaux, Alexandre et Cléopâtre et le fils de Ptolémaios, Philadelphos. Antonius mit fin à ses jours en 30 avant J-C après s'être lancé dans une aventure militaire contre Rome sans succès. Au même moment, le fils de Cléopâtre et de César, Césarion, fut assassiné avec son père à Rome. Pour éviter de tomber vivante entre les mains des Romains après l'enterrement de son amant, Cléopâtre préféra également le suicide.

Symbole de la féminité – la reine Nefertiti
se tint à distance de l'arène politique

NEFERTITI

La reine Nefertiti était la femme du souverain Amenhotep IV, plus connu sous le nom d'Achenaton, dont le règne fut marqué par la volonté de réformes profondes. Ils furent mariés très jeunes. Nefertiti incarnait l'image de la femme qui sut mener son époux vers la célébrité et la vénération tout en se tenant seulement en coulisse pour l'aider dans ses actions. C'est le couple qui fut à l'origine de l'idée révolutionnaire d'un dieu unique vénéré sous la forme d'un disque solaire abstrait. La date de la mort de Nefertiti est inconnue dans la mesure où il n'est plus question d'elle après qu'elle a eu 13 ans.

L'innovation la plus notable qu'introduisirent Achenaton et Nefertiti consista à favoriser un art figuratif, fidèle à la réalité, et non plus stylisé ou idéalisé, pour exécuter les oeuvres artistiques représentant des souverains égyptiens. Le plus remarquable buste représentant la reine Nefertiti constitue ainsi la première oeuvre reproduisant fidèlement une souveraine égyptienne.

TOUTANKHAMON

Le jeune roi prit ses fonction de pharaon dès l'âge de huit ans. Ses origines ne sont toujours pas clairement élucidées. On suppose toutefois qu'Achenaton fut son père. Il conserva son premier nom de naissance, Tut'enchaton, jusqu'à sa deuxième année de règne. Il transforma ensuite son nom en Tut'enchamon, ce qui signifie :"l'image vivante d'Amon". Il fit construire de nombreux bâtiments monumentaux sous son règne, fit aussi entreprendre beaucoup de travaux de rénovation et achever des projets qui n'avaient pu l'être. C'est pour cela que son nom fut associé aux notions d'achèvement, d'harmonie et de beauté. Son caractère fut décrit à partir des surnoms métaphoriques suivants :"taureau puissant, de naissance parfaite" – "celui qui réconforte les deux pays avec des lois parfaites" – "celui qui plaît aux dieux".

Après sa disparition précoce, il mourut à l'âge de 18 ans, probablement à la suite d'un accident ou d'un attentat, il fut enterré dans la vallée des rois dans un tombeau non-royal. En réalité, son règne semble avoir été d'une importance politico-historique réduite.

LES PLANTES

1.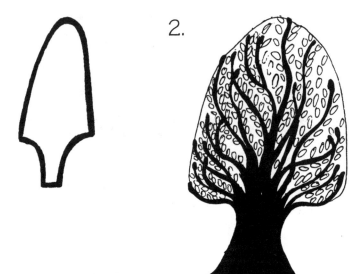

2.

3.

L'arbre et la déesse de l'arbre

L'ARBRE

1. Le hiéroglyphe représenté ici comporte le phonème "im".

2. L'image montre la représentation d'un arbre dans une chambre mortuaire. Les cultes de l'arbre étaient très répandus dans l'Égypte antique. C'est ainsi que les récits mythiques racontaient que les dieux étaient issus des arbres : Horus, par exemple, était censé provenir de l'acacia ("là où la vie et la mort sont décidés"), Upuaut du tamaris et Rê du sycomore. Les dieux étaient aussi mis en relation avec des arbres d'une autre manière : à Memphis, on vénérait le dieu Cheribakef ("celui qui est sous son olivier") qui se confondit par la suite avec Ptah sous le Nouvel Empire. Deux provinces égyptiennes avaient des arbres pour emblèmes, le district du sycomore et celui de l'arbre. D'une manière générale, on établissait une relation de dépendance entre les arbres et les humains. C'est une conception que l'on retrouve par exemple dans le récit mythique où Bata raconte que son coeur se trouvait dans une fleur de cèdre, ce qui l'obligea à mourir quand l'arbre fut abattu.

Si l'on apposait le hiéroglyphe de l'arbre sur un cercueil, il s'agissait alors d'un indice de résurrection signifiant "le cercueil verdit". On trouve souvent des images d'arbres dans les tombes dans la mesure où les morts, à l'instar des vivants, se rafraîchissaient aussi à l'ombre et se réjouissaient de pouvoir savourer leurs fruits.

3. Cette fresque montre les âmes d'un couple défunt sous l'apparence d'un oiseau au bord d'un étang où poussent des fleurs de lotus. La déesse de l'arbre, qui se tient au-dessus, sert des repas et des boissons.

1.

2.

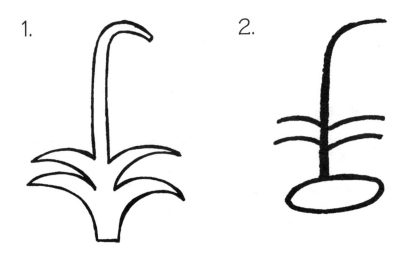

3.

Plante de Sut

LE JONC, LA PLANTE DE SUT

Le hiéroglyphe de la plante de Sut contient le phonème "sw". Selon toute probabilité, il s'agit d'une sorte de plante marécageuse poussant le long du Nil. Elle symbolisait la Haute Égypte depuis des temps immémoriaux. Les rois de Haute Égypte prirent comme surnom le titre de "nyswt" qui signifie "celui qui appartient à la plante de Sut". La véritable identité de cette plante des marécages a disparu dès l'époque romaine. Elle désigne en tout cas un territoire qui est à l'opposé de celui du désert.

2. Cette variante du hiéroglyphe désigne le Sud et comporte le phonème "rswt".

3. Ici l'on peut voir des joncs tels qu'ils étaient représentés sur les fresques murales.

1.

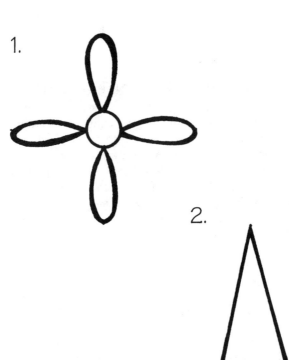

2.

3.

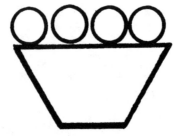

Fleur, épine et offrande de plantes

LES FLEURS

1. Le hiéroglyphe désignant une fleur comporte le phonème "wn". En général les fleurs étaient offertes au dieux en sacrifice. Ces bouquets étaient mis dans des objets permettant de tenir les fleurs droites et qui avaient la forme de la clé de vie. On croyait à la présence des dieux dans ces fleurs et leurs senteurs était associées à celle des dieux. Le mot "vie" s'exprimait avec le même son que celui de "fleur". Les images de bouquets de fleurs dans les tombes indiquaient que le défunt était entré dans son éternel printemps. Les fleurs étaient le symbole de l'épanouissement de la vie. Le lotus était en effet considéré comme la première fleur à être apparue des eaux originelles. De nombreuses divinités étaient représentées sous forme de fleurs.

2. Cet idéogramme correspond au phonème "srt" qui signifie épine, ainsi qu'à "spd", qui signifie "pointu" ou coupant".

3. La corbeille à fruits est le symbole de l'offrande de plantes.

1.

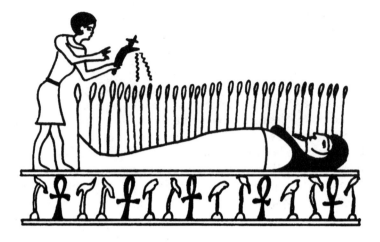

2.

3.  **4.**

Momie de graine et hiéroglyphe de céréales

LES CÉRÉALES

1. Ce que l'on appelle la momie d'une graine montre Osiris exer-
çant ses facultés comme dieu de la végétation. La graine qui pousse
sous la forme de jeunes semences sur son corps mort est le symbole
de sa résurrection. La partie inférieure du dessin comporte cinq symboles de vie (Ankh) et dix sceptres d'Uas. On réalisait à l'occasion des
enterrements des portraits des défunts le plus souvent en terre, conçus
comme une aide magique destinée à faciliter la vie après la mort et
comme symbole de l'invincibilité de la mort, puis on y mettait des
graines de blé de manière à ce qu'ils germent peu après.

2. Les graines d'orge symbolisent toutes les sortes de céréales, car
il s'agit de la plus ancienne céréale connue. Désignées par le hiéroglyphe "it", elles peuvent être juxtaposées ou encore écrites verticale-
ment. Le chiffre trois symbolise la multitude. La graine à partir de
laquelle on faisait du pain ou de la bière symbolisait d'une manière
générale les forces de vie.

3. Il s'agit là d'un épi d'une céréale pratiquement inconnue sous
nos latitudes et qui était utilisée couramment pour faire du pain, base
de l'alimentation de la population égyptienne. On s'en servait également médicalement, notamment dans la perspective d'une naissance.

4. Ce symbole correspond au phonème "chcw" et montre une
gerbe stylisée de céréales qui renvoie à la notion de "grande quan-
tité".

1.

2.

3.

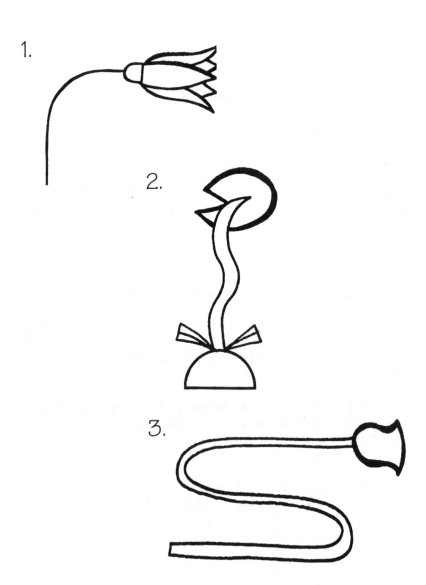

Le lotus

LE LOTUS

1. L'idéogramme du lotus comporte le phonème "ssn". Le lotus est un symbole vivant qui correspond à la beauté et à la grâce. C'est pourquoi on peut voir des "roses d'eau" sur presque toutes les fresques tombales, que ce soit sous la forme de pilier en forme de gerbe de lotus ou comme frise. On trouve en Égypte aussi bien le lotus blanc que le lotus bleu qui était encore plus apprécié en raison de son parfum particulièrement raffiné et sucré. Comme cette plante a la particularité de rétracter ses racines profondément dans l'eau pendant la nuit avant de les ramener au moment du lever du jour, elle était assimilée au soleil surgissant de la nuit. Dans le livre égyptien des morts, le roi-soleil Rê est "le jeune homme qui provient du lotus". La plante représente le lien entre la lumière divine et le chaos ténébreux. C'est pourquoi elle est un symbole d'espoir et de renaissance. Dans beaucoup de tombes on peut voir des fleurs sacrées de lotus bleu dont les saveurs odorantes réjouissent les défunts. Cette plante était associée au dieu Nefertem.

2. Ce symbole montre une tige de lotus avec le tubercule de sa racine et sa feuille. Son phonème est "hz". Il était souvent utilisé pour écrire le nombre 10.000. Cette inscription dans les tombes manifestait l'espoir des défunts de pouvoir goûter à dix mille bonnes choses après leur mort.

3. Il s'agit du hiéroglyphe signifiant "faire le sacrifice". On y voit une fleur de lotus avec un long tubercule. Son phonème est "wdn". Les femmes qui faisaient des offrandes tenaient des fleurs de lotus ayant des tubercules particulièrement longs. Les longs pédoncules d'une fleur de lotus étaient considérés comme la marque de beauté de ces fleurs. Comme les Égyptiens jouaient volontiers avec l'écriture, ce hiéroglyphe de la fleur de lotus était souvent remplacé par une tête d'oie.

235

1.

2.

3. 4. 5.

Palmiers et branches

PALMIERS ET BRANCHES

1. Cette forme de hiéroglyphe a préfiguré le hiéroglyphe qui s'est répandu ensuite sous le Nouvel Empire ; il désigne tous les objets en bois. Il correspond au phonème "ht" qui se rapporte aussi bien au mot "bois" qu'à l'expression ancienne qui désignait un arbre. Cet idéogramme servait à désigner aussi bien des parties de plantes que des objets en bois.

2. Le palmier à dattes, ou dattier, était considéré comme un arbre sacré en raison de sa couronne en forme de rayon qui tendait à l'assimiler au soleil. C'est pourquoi il fut le plus souvent représenté sous l'apparence de colonnes pendant les deux périodes de l'histoire égyptienne où l'on vénéra tout particulièrement le dieu-soleil. La déesse Hathor fut aussi appelée "la souveraine du dattier". Le sycomore et le dattier furent l'objet d'une vénération particulière dans la vallée du Nil car on les percevait comme des arbres de vie qui ne poussent que là-bas où se trouve suffisamment d'eau dispensatrice de vie. Le palmier Doum, dont le tronc est subdivisé en deux ou trois parties, était un symbole de fertilité. On le trouve représenté en général dans les greniers à blé. Cette espèce de palmier était associée à Thot, le dieu à tête de babouin, et au dieu de la fertilité, Min.

3. L'idéogramme montre une branche de palmier comportant le phonème "tr" et "rnp". À l'origine, la branche était représentée avec plusieurs entailles, puis ultérieurement une seule subsista.

4. Cette variante d'une branche de palmier symbolise les saisons et la fertilité qui dépendait du cycles des inondations de la vallée du Nil.

5. Sous cette forme ("rnpi"), le hiéroglyphe de la branche de palmier signifie "être jeune".

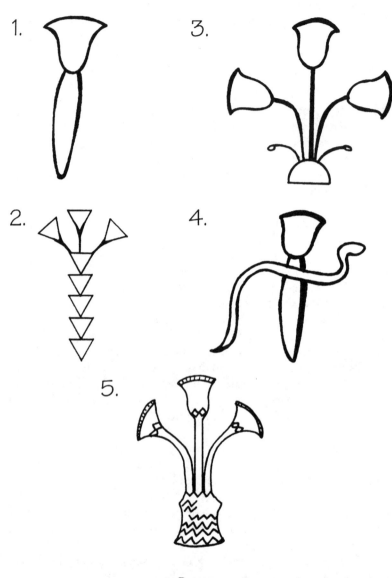

1.

3.

2.

4.

5.

Papyrus

LE PAPYRUS

1. On peut voir ici le hiéroglyphe de la tige de papyrus qui comporte le phonème "wzd" ou "wd".

Le papyrus était utilisé par les Égyptiens notamment pour la construction d'embarcations légères et pour la fabrication de sandales, de tapis de natte et de vêtements. Mais il était tout particulièrement important pour la fabrication du papier et des rouleaux destinés à l'écriture. Le papyrus, dont la taille est de 5 à 6 mètres de hauteur, était un symbole de vitalité. La couleur verte, qui symbolisait le bonheur, s'écrivait de la même manière. Les déesses portaient la tige de papyrus en guise de sceptre ; elle représentait la force symbolique de la lune. Contrairement aux divinités lunaires qui provenaient du papyrus, les divinités solaires provenaient du lotus.

Les fresques du temple montrent des colonnes de papyrus comme symbole du monde surgi des eaux originelles. C'est le symbole de la Création se manifestant chaque jour comme si elle venait de s'accomplir.

2. L'idéogramme montre un bouquet de papyrus tel qu'il était donné en offrande aux défunts ou aux dieux. Il s'agit d'un symbole de joie et de victoire.

3. Le hiéroglyphe et blason de la Basse Égypte est composé de plusieurs tiges de papyrus qui poussent sur un bout de terre.

4. Quand le symbole du papyrus est combiné avec celui du cobra, on obtient le hiéroglyphe signifiant "vert", "frais", "prospère". Ce symbole était par ailleurs partiellement associé à la déesse de la Basse Égypte, Uto.

5. On écrivait souvent de manière très artistique le hiéroglyphe représentant un faisceau de papyrus (phonème "tz" ou "mhw"). C'est le symbole du delta du Nil. Les lignes en vagues représentent l'eau où pousse la plante. Il s'agit ici d'une version plus ancienne du hiéroglyphe de la figure 3 où l'on voit le papyrus avec des bourgeons fermés.

1.

2.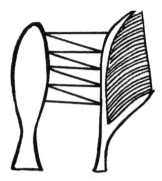

3.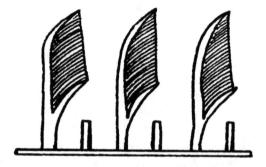

4.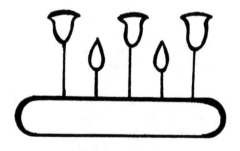

Le roseau

LE ROSEAU

1. On peut voir ici le hiéroglyphe d'un roseau en fleur. Il correspond à la voyelle "i".

2. Ce hiéroglyphe correspond à un tas d'offrandes. À droite on distingue le signe qui signifie "i", à gauche celui qui signifie "hm", entre les deux se trouvent des sucreries entassées qui sont en forme de cônes.

3. Les trois fleurs de roseau renvoient à la notion de "pays" et correspondent au phonème "sht". Le pays qui est ainsi désigné se rapporte aux terres fertiles qui émergent des zones inondées par le Nil. Chaque année, le Nil sortait de son lit et laissait des alluvions qui faisaient des rives du fleuve des terres extrêment riches où poussaient herbes et roseaux.

4. Cet idéogramme symbolise les terres inondées. Différentes plantes sortent du hiéroglyphe dont la partie ovale représente une île. Avant la construction du barrage d'Assouan, d'innombrables petites îles de cette sorte, avec leur touffes de végétation, émergeaient encore dans la vallée du Nil au moment des inondations.

1.

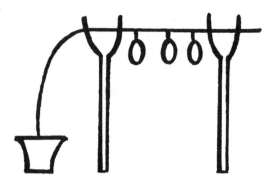

2.

Le vin

LE VIN

1. Ce hiéroglyphe montre une feuille de vigne et désigne soit le vignoble ("izrrt") soit le vin ("irp"). On cultiva du vin en Égypte déjà dans les temps les plus reculés. Il décorait les tonnelles des jardins. Les grains de raisin étaient considérés dans les textes religieux comme la "pupille de l'oeil d'Horus" et le vin comme ses larmes. Le pied de vigne cosmique était perçu comme l'arbre de vie. Le récit mythique raconte qu'Isis tomba enceinte après avoir mangé des raisins et mit au monde son fils, Horus. Le dieu du pressoir, Schesmu, tend du vin aux défunts ; cette boisson était censée favoriser la vie après la mort. Les Égyptiens, qui étaient de grands amateurs de vin, le conservaient dans des amphores qui étaient soigneusement étiquettées et répertoriées afin de déterminer la provenance, l'année du cru et sa qualité.

2. Le détail d'une fresque murale dans la tombe de NachtAmon montre une vendange.

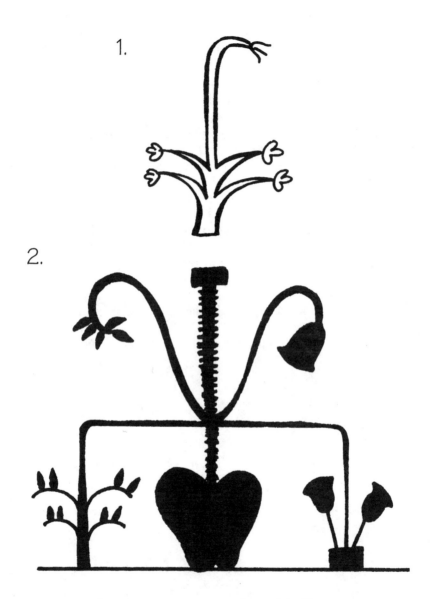

Jonc et papyrus comme plantes héraldiques

LES PLANTES HÉRALDIQUES

1. Les plantes héraldiques de la Haute Égypte ressemblent à la plante de Sut. Son phonème est "sm". L'appartenance botanique de cette plante est toujours controversée. Elle est assimilée soit à un lis soit à un jonc.

2. On peut voir sur le blason des deux parties réunifiées de l'Egypte les deux plantes caractéristiques des deux parties du pays : le jonc et le papyrus. C'est aussi une manière de représenter le rapprochement des deux pays d'Horus et de Seth. Ce motif appelé "smz-tzwy" se trouve sur la plupart des trônes des statues de souverains qui furent érigés après l'unification des deux empires. À côté des dieux Horus et Seth, on voit aussi souvent les déesses des deux provinces Uto et Nechbet.

Le hiéroglyphe montrant un poumon et sa trachée artère signifie unification et perfection. Il est entouré par les deux plantes héraldiques.

LES ANIMAUX

L'antilope

L'ANTILOPE

L'antilope connut en Basse Égypte un destin semblable à celui de tous les autres animaux du désert qui étaient considérés comme des incarnations de Seth, méprisés et pourchassés. Leur tempérament sauvage et la ressemblance de leurs cornes avec une arme suscitèrent dans les croyances populaires une tendance à les percevoir comme la personnification de forces destructrices.

En revanche, dans les régions sud de la Haute Égypte plus proche du désert, ces animaux étaient associés à l'eau dispensatrice de vie, ce qui provenait certainement de l'influence arabe. Le dieu Attar, dont le symbole était l'antilope, y était en effet vénéré. La déesse Satis était aussi vénérée à Éléphantine sous la forme d'une antilope dispensatrice de vie. Le vieux symbole du 16ème district de Haute Égypte était également une antilope blanche qui fut ultérieurement surmontée d'un dieu Horus vainqueur.

1.

2.

Abeille

L'ABEILLE

L'illustration 1 montre un détail d'une fresque représentant une abeille sur un rayon de miel. On a trouvé des indices permettant de conclure que les Égyptiens se livraient à l'élevage d'abeille dans le delta du Nil dès le 3ème siècle avant notre ère. D'après un papyrus retrouvé, les apiculteurs appelaient les abeilles avec une flûte confectionnée avec un roseau quand ils voulaient les amener à essaimer. Le récit mythique rapporte que les larmes que versa le dieu-soleil Rê se transformèrent en abeille. C'est pour cela que l'on peut voir des représentations d'abeilles dans les lieux sacrés de ce dieu. Le miel était utilisé aussi bien comme aliment que pour la production d'onguents. Le nom des rois des premières dynasties était précédé de l'appellation "prince abeille". Ultérieurement, les pharaons eurent le titre de "n(y)-swt-bit" : "celui qui appartient aux joncs et aux abeilles". Le jonc était considéré comme le symbole de la Haute Égypte. D'une manière générale, les abeilles étaient assimilées aux ancêtres des dieux. C'est ainsi que le temple prinicipal de la déesse de la guerre, Neith, à Saïs, était désigné comme étant "le château de l'abeille".

On trouve le hiéroglyphe de l'abeille (fig 2) soit sous cette forme, soit sous une forme réduite. Le hiéroglyphe "bit" constitue le premier symbole écrit de l'Égypte antique.

L'âne

L'ÂNE

L'âne était généralement perçu comme un animal faisant partie de la suite de Seth, le dieu destructeur. D'après le mythe, 77 ânes se mirent en face du soleil pour empêcher le soleil de se lever un matin. L'aversion générale qui existait par rapport à cet animal, pourtant très apprécié comme bête de somme, provient certainement du fait qu'on l'associait aux nomades qu'ils l'introduisirent en Égypte. Sa puissance sexuelle était en outre symboliquement assimilée à la débauche. C'est d'ailleurs pourquoi le hiéroglyphe du phallus était souvent remplacé par l'image d'un âne. En outre, la vocation mythique de cet animal était censée consister à emporter au loin le grain représentant l'incarnation d'Osiris. Aussi sacrifiait-on rituellement un âne, transpercé d'un coup de lance, à l'occasion des festivités célébrant Osiris sous le Nouvel Empire, et ce afin de briser les forces destructrices de Seth. Par analogie avec cette coutume, on représenta le plus souvent un couteau enfoncé entre les omoplates pour écrire le hiéroglyphe de l'âne. D'après les récits mythiques, des démons à têtes d'ânes étaient placés à l'entrée de la porte conduisant au monde souterrain.

La chouette

LA CHOUETTE

Cet animal constituait le seul être vivant à être représenté avec la tête tournée vers la droite, probablement pour mettre en avant l'extrême mobilité de celle-ci.

De nombreux indices suggèrent que la chouette était perçue comme un oiseau de malheur en raison de son regard troublant, de son vol nocturne silencieux, et naturellement de son cri évoquant les forces des ténèbres du monde souterrain. C'est certainement pour cette raison que l'on décapitait toutes les chouettes momifiées quand on en trouvait

Le hiéroglyphe exprimant l'action de décapitation d'un oiseau, et correspondant au symbole alphabétique "k", représentait d'ailleurs une chouette.

Perche du Nil

LE POISSON

D'une manière générale, les poissons étaient considérés dans l'Égypte antique comme des animaux impurs et les personnalités sacrées, telles que les rois ou les prêtres, ne pouvaient en manger sous aucun prétexte. Son espace de vie, les eaux troubles et boueuses, ou la mer qui était très redoutée, suggéraient sa complicité avec Seth. Les récits mythiques faisaient en outre état du fait que les carpes du Nil s'étaient partagées le phallus d'Osiris, quand ce dernier avait été démembré, avec Phragos et Mormyrus. C'est ainsi que lors de certaines festivités, on aimait bien offrir en sacrifice aux dieux quelques poissons qui étaient brûlés ou broyés, afin de manifester la victoire sur les forces obscures. La perche du Nil faisait exception à cette règle car ce poisson met au monde sa progéniture en la crachant par la bouche et la protège ensuite en la mettant dans sa bouche. Cette action d'avaler et de recracher fut assimilée au cycle solaire, ce qui fit de ce poisson un très fort symbole de la résurrection après la mort.

La déesse Hatmehit, qui était vénérée à Mendès, était appelée "la souveraine des poissons" et portait un symbole représentant un dauphin sur la tête.

L'oiseau-phénix : le héron

L'ANIMAL SYMBOLE DE LA RÉSURRECTION : LE HÉRON COMME OISEAU-PHÉNIX

Le phénix était l'animal sacré d'Héliopolis. Son nom égyptien, Boinu, était dérivé du mot "luir, se lever".

Il s'agit ici d'un héron, espèce qui se pressait en masse au moment des inondations du Nil. Son retour cyclique, qui était associé à la force vivifiante de l'eau, en faisait le symbole de l'éternel renouvellement des choses.

À l'origine déjà, le héron était un oiseau-soleil dans la mesure où il était censé aider le soleil à s'extraire des eaux le matin pour prendre son essor dans la lueur rougeoyante du soleil levant. Le mythe de l'auto-embrasement et de la résurrection provient également de cette image.

Les opinions qui prévalaient à l'époque sur les intervalles chronologiques entre chacun de ses retours étaient des plus divisées : certains parlaient de 50 ans, d'autres de 1461 ans. Cette dernière version étaient à mettre en rapport avec la période de Sothis qui coïncidait avec l'apparition de Sirius dans le ciel. Chaque nouveau cycle de Sirius était considéré comme le début d'un ordre cosmique totalement nouveau marquant le début d'une nouvelle ère.

Le lien existant entre l'oiseau-phénix et le soleil faisait du premier le Ba de Rê ; sa relation avec le royaume des morts ainsi que sa faculté à renaître de ses cendres en firent l'une des formes qu'Osiris revêtait pour manifester son existence.

Grenouille

LA GRENOUILLE

Le hiéroglyphe de la grenouille était considéré comme le symbole de la personne humaine qui n'a pas achevé son développement. La déesse Heket à tête de grenouille était ainsi responsable de la formation du foetus dans le ventre de la mère. Elle servait en outre de sage-femme.

On associait l'apparition de la vie avec les profondeurs boueuses de l'eau grouillant de vie. C'est pourquoi on décrivait dans les récits mythiques d'Héliopolis relatifs à l'apparition du monde les divinités originelles sous forme de créatures à têtes de serpents et de grenouille. Sous le Nouvel Empire, la grenouille devint le symbole de la "répétition de la vie".

oie et oeuf

L'OIE

L'oie jouissait en Égypte d'une estime particulière en raison de ses vertus altruistes et familiales. C'est ainsi que le hiéroglyphe la désignant signifie "fils" et qu'on la trouve dans beaucoup d'inscriptions et de textes, en particulier sur les arbres généalogiques où elle précède les noms des membres d'une famille. Les Égyptiens attribuaient aux animaux un lien particulier avec le dieu originel Amon qui était d'ailleurs représenté parfois sous l'apparence d'une oie. La symbolique de l'oeuf faisait de l'oie un élément de la légende des origines : selon la tradition, le premier dieu était né d'un oeuf merveilleux qui s'était autrefois élevé des eaux originelles.

Considérés comme l'endroit de la vie en train de germer, les oeufs concentraient sur eux de nombreux tabous. Les prêtres ne pouvaient par exemple pas en manger et ils n'étaient jamais représentés comme susceptibles d'être mangés bien que la population mangeait souvent les oeufs de nombreuses espèces d'oiseau.

L'oeuf était un symbole de vie éternelle et de résurrection comme tous les symboles de forme arrondie et fermés sur eux-mêmes. C'est pourquoi on trouvait aussi dans les nécropoles des oiseaux sacrés, à côté des animaux momifiés, leurs oeufs qui étaient également enveloppés dans des bandelettes. La partie la plus profonde d'un cercueil entourant une momie était aussi appelée un oeuf car il représentait l'enveloppe de la vie vouée à éclore dans l'au-delà. En tant que hiéroglyphe, il désignait le sarcophage ou le linceul et pouvait également symboliser l'enfance.

Les amulettes en forme d'oeuf étaient très appréciées comme vecteur de force divine et étaient également disposées à côté des défunts dans leurs tombes.

Gazelle et lièvre du désert

LA GAZELLE

Dans la conception des Égyptiens, la gazelle jouait un double rôle. D'un côté on la trouve comme animal domestique dans des scènes pacifiques, et par ailleurs elle était considérée aussi, de par ses aspects sauvages, comme une manifestaion du dieu Seth.

Les gazelles, qui peuplaient les déserts hostiles, étaient étrangères aux habitants des régions de Basse Égypte riches en végétation. Dès lors, comme elles séjournaient dans des contrées inhospitalières, c'est qu'elles faisaient partie de la suite de Seth. On faisait de nombreux sacrifices en utilisant des gazelles lors des cérémonies religieuses afin de se prémunir contre les forces ennemies.

Dans les régions les plus sèches de la Haute Égypte en revanche, ces animaux étaient élevés au rang d'une divinité en raison de leur rapidité et de leur grâce. La déesse Anuket était vénérée dans la ville de Komir sous la forme d'une gazelle et était désignée comme "princesse des dieux" et "souveraine du ciel".

LE LIÈVRE

On lui attribua des vertus divines en raison de sa rapidité et de ses facultés sensorielles extraordinaires. Le hiéroglyphe qui comportait des oreilles exagérément agrandies servait à évoquer la notion de vigilance qui caractérisait cet animal et servait à écrire le verbe "courir".

Les lièvres étaient également appréciés sous forme d'amulettes, en particulier sous les époques moderne de l'Égypte antique. En Haute Égypte, ces animaux étaient considérés comme faisant partie de la suite de la déesse Unut qui était responsable du 15ème district. Cette dernière avait une apparence humaine et portait sur la tête une enseigne représentant un lièvre femelle couché.

Ichneumon et vanneau

L'ICHNEUMON

L'ichneumon est une sous-espèce de félin qui appartient à la famille des mangoustes. Son extrême rapacité par rapport aux serpents fit de ce chasseur agile un animal symbolisant le dieu Horus. D'après les récits mythiques, ce dieu se transforma en ichneumon afin de combattre le serpent Apophis du monde souterrain.

Les animaux faisaient d'une manière générale l'objet d'un culte en tant qu'esprits bienveillants du monde souterrain et les sculptures les représentant étaient décorées de symboles solaires, puis, ultérieurement, elles comportèrent une représentation du serpent Urœus.

LE VANNEAU

On reconnaît facilement un vanneau sur l'image de l'oiseau Rechit, qui était aussi utilisée comme hiéroglyphe. Des colonnies entières de cet oiseau migrateur arrivant d'Europe élisaient domicile pendant l'hiver dans le delta du Nil. Le hiéroglyphe le désignant correspondait au phonème "rhyt" (d'où le nom de Rechit) qui lui-même signifiait "étranger". Les étrangers jouissaient dans l'Égypte antique d'un statut relativement intégré dans la société, ils étaient en effet aussi considérés comme des sujets du pharaon et tolérés à ce titre par le reste de la population, ce que symbolise en fait cet oiseau. Toutefois, l'attitude réelle de la population oscillait de fait entre méfiance et hostilité à leur égard.

1.

2.

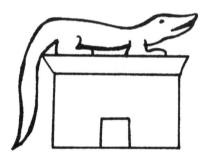

Crocodile

LE CROCODILE

On redoutait beaucoup la puissante force de destruction du crocodile (fig 1). En effet ce dernier était alors très répandu à l'époque et, occasionnant des dégâts importants, il était assimilé à Seth. Son hiéroglyphe symbolisait d'ailleurs l'avidité ou la gloutonnerie. L'animal n'en inspirait pas moins du respect car l'on disait que seul l'amour était capable de triompher de sa force brute.

À Fayum et à Kom Ombo, en Haute Égypte, on vénérait le dieu crocodile Sobek. On le représentait soit comme crocodile posé sur une châsse sacrée (fig2), soit sous une apparence humaine avec une tête de crocodile. D'après une croyance populaire, le Nil était issu de la sueur de ce dieu. On associait l'apparition fréquente des crocodiles au moment des inondations annuelles à la prospérité des récoltes. Aussi Sobek devint-il le dieu de la fertilité avant d'être ultérieurement intégré dans le culte de Rê et de devenir alors Sobek-Rê avec les attributs correspondants : la tête de faucon et le disque solaire.

Hathor, la déesse des morts, sous forme de vache

LA VACHE

Les vaches étaient des animaux sacrés de la déesse Hathor. Comme le roi était souvent désigné comme un taureau, la vache remplissait alors symboliquement la fonction de la mère. Dans le mythe qui fait le récit de la naissance divine du souverain, la vache sacrée, Hesath, nourrit l'enfant. La mythification de l'animal provenait de la vénération de la vache céleste qui réalisait le lien entre le ciel et le monde souterrain et donc avec la vie après la mort. Aussi existait-il des chaises longues en forme de vache sur lesquelles on disposaient les bières mortuaires pendant les fêtes. La vache Hesath jouissait d'une considération particulière en tant que mère du taureau Apis et du dieu Anubis.

La sculpture montre la déesse Hathor, la déesse des morts, sous une apparence de vache.

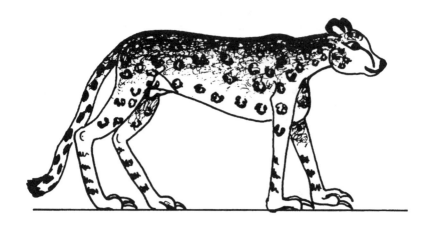

Léopard

LE LÉOPARD

Le léopard ou panthère était considéré comme l'incarnation de la déesse Mafdet chargée d'appliquer aux vivants et aux morts leurs justes châtiments. En tant qu'être de justice, sa mission consistait toutefois aussi à aider les défunts. C'est pourquoi on représentait une peau de félin sur de nombreux cercueils, et c'est aussi la raison pour laquelle les prêtres chargés du rituel de l'ouverture de la bouche s'enveloppaient d'une peau de panthère. La coutume consistant à envelopper les morts dans une peau de panthère provenait probablement de vieilles traditions de tribus africaines.

Sous la forme d'amulette, la tête de panthère était censée donner le pouvoir de vaincre la mort.

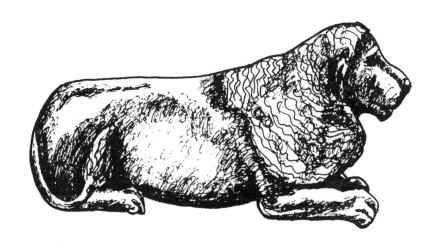

Lion

LE LION

Le lion, qui était représenté soit sous une apparence détendue, soit se mouvant avec une fière allure, était considéré comme l'une des manifestation du dieu-soleil. Dans la mesure où cet animal était lié au cycle solaire et symbolisait donc aussi la mort et la résurrection, les bières mortuaires avaient souvent une forme de lion.

Allongé, il faisait rayonner la majestueuse tranquillité du souverain. Dans ce contexte, il était assimilé au sphinx. La représentation de cet animal dans son mouvement puissant servait à évoquer son aspect sauvage et son courage. Le roi lui-même aimait bien se faire comparer à un lion quand il remplissait sa fonction guerrière, et on le représentait d'ailleurs toujours accompagné de lionnes quand il partait chasser ou à la guerre. La chasse au lion était le privilège exclusif des pharaons.

Compte-tenu de son aspect impressionnant, le lion servait de gardien du trône royal qui comportait des pattes et une queue de lion. Sous forme de statue, il était disposé à l'entrée des temples, mais des têtes de lion du dieu Aker étaient également censées garder l'entrée du monde souterrain.

La plupart des divinités à têtes de lion que l'on vénérait étaient féminines et étaient associées à la notion de combat et à l'élément feu. En dehors des déesses Sekhmet et Mehit, il y avait aussi à Léontopolis le couple de lions Ruti qui symbolisait la force créatrice masculine et féminine et qui avait la charge de garder les sacrifices funéraires.

Musaraigne

LA SOURIS

À Léopolis, la musaraigne était considérée comme un animal sacré lié à Horus dont elle incarnait les aspects sombres et ténébreux. Cet animal presque aveugle et vivant sous terre était une sorte d'antinomie de la figure lumineuse du faucon.

Dans la mesure où la musaraigne sait parfaitement s'accomoder de son environnement d'obscurité, elle était assimilée à la recréation du soleil pendant la nuit. L'image que l'on peut voir ci-contre s'inspire de ce mythe. Toutes les représentations de musaraigne montrent toujours cet animal en position verticale et recouvert de symboles du dieu soleil. On a aussi trouvé des musaraignes momifiées.

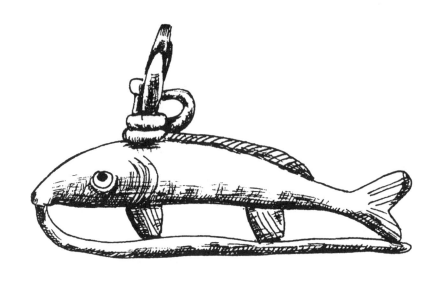

Brochet du Nil et hippopotame

LE BROCHET DU NIL

La vénération du petit brochet du Nil, l'oxyrhynchos (fig 1) s'étendait uniquement sur le territoire du district de la ville portant le même nom qui se trouvait en Moyenne Égypte. Son nom signifie nez pointu et son hiéroglyphe comporte le phonème "hz". Il porte sur la tête comme emblème le disque solaire et des cornes de vache, ce qui permet de le rattacher à la suite de la déesse Hathor. Ce poisson est censé être issu des plaies d'Osiris.

L'HIPPOPOTAME

Sous le Nouvel Empire, l'hippopotame appartenait à la suite de Seth. Une coutume dérivée de cette croyance consistait à faire tuer un hippopotame blanc par le roi à l'occasion de festivités qui étaient dédiées à l'animal. Le souverain prenait ainsi l'identité d'Horus pour anéantir Seth dans son apparence animale. La mauvaise réputation de l'animal provenait des dégâts qu'il occasionnait dans les cultures par sa voracité.

Les femelles étaient associées à des femmes enceintes en raison de leurs formes arrondies, ce qui contribua à leur déification. La déesse de l'hippopotame, Toeris, était très aimée, en particulier sous le Nouvel Empire, et on confectionna de nombreuses couches mortuaires en forme d'hippopotame. Cet animal devint par ailleurs progressivement un symbole de fertilité.

1.

2.

Babouin

LE BABOUIN

Le babouin de l'illustration 1 était considéré comme un animal sacré et était dédié au dieu Thot. Son hiéroglyphe (fig 2), "knd" renvoie à la notion de colère et à son état d'animalité. Thot était le dieu de l'écriture et des sciences. Sa manifestation sous forme de babouin était destinée à servir de modèle d'animal intelligent et vivant aux élèves peu motivés. Le caractère extrêmement développé de leur activité sexuelle incitèrent les Égyptiens à collecter leurs excréments pour s'en servir d'aphrodisiaques.

À l'origine, le dieu babouin Hez-ur était vénéré dans la ville d'Hermopolis avant de se confondre avec le dieu à tête d'ibis, Thot. À partir de ce moment là il fut considéré comme l'incarnation de Thot, le "souverain de la lune". Une histoire raconte comment ce dieu, qui avait pris l'apparence du babouin Tefnut, réconcilia la fille de Rê avec son père. La déesse s'était retirée très loin dans le sud sous l'apparence du chat soleil, mais le babouin parvint par ruse, en ayant recours à tout un tas de stratagèmes, à la convaicre de revenir dans le Nord où elle se réconcilia finalement avec son père. Le mythe fait en réalité référence au cycle naturel de la trajectoire du soleil dont le déplacement du Sud vers le Nord permet au printemps de succéder à l'hiver.

Cheval

LE CHEVAL

L'image ci-contre montre Toutankhamon dans une scène de bataille imaginaire contres les Asiatiques. Sa posture dans le char tiré par deux chevaux de race le présente comme un valeureux guerrier désigné comme étant "celui dont le courage est sans pareil".

Le cheval, originaire de l'espace asiatique, ne fut introduit que relativement tard en Égypte. Son hiéroglyphe signifie en substance "souverain des pays étrangers" et était souvent accompagné du suffixe "le beau". Cet animal devint rapidement un symbole de statut social de la classe dominante, mais le fait de monter en selle était considéré comme étant de mauvais goût. En effet, on préférait imiter la coutume asiatique consistant à utiliser les chevaux pour tirer des chars légers.

Les représentations mettaient toujours l'accent sur la gracilité du cheval et son tempérament de feu. De cette manière, on pouvait mieux mettre en exergue la force du conducteur du char capable de soumettre l'animal à sa volonté.

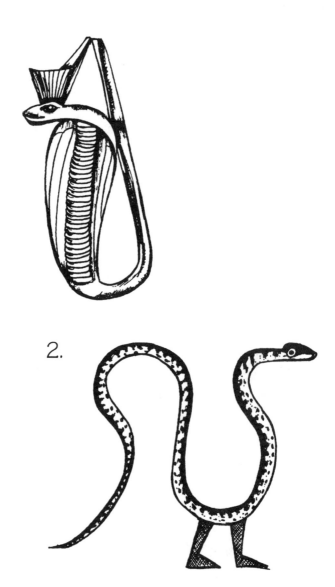

Serpent

LE SERPENT

1. Le dieu Rê ainsi que les pharaons portaient un cobra dressé dans une posture menaçante pour se protéger de leurs ennemis. Le symbole appelé aussi serpent d'urœus était l'oeil enflammé du dieu capable d'anéantir ses ennemis avec la puissance du feu. Le cobra était considéré comme le symbole de la déesse Uto et était également assimilé à d'autres divinités féminines. Buto était déjà vénérée sous l'empire qui précéda l'apparition du pouvoir dynastique ; elle reposait sur la tête du roi sous la forme d'urœus. Ultérieurement, à l'époque du régime des pharaons, le cobra crachant le feu fut désigné comme étant l'oeil solaire enflammé du dieu Rê. Cet animal est présent sur absolument toutes les représentations mettant en scène le pouvoir royal, qu'il s'agisse des sculptures ou des bas-reliefs. De par son lien étroit avec le dieu soleil Rê, le cobra devint l'animal emblématique de la Basse Égypte.

Dans les textes du livre des morts de l'Égypte antique, il est aussi question de la faculté du serpent à rajeunir et à renaître chaque jour, ce qui renvoie à nouveau au symbole du disque solaire.

2. Cette image, également empruntée aux mystères du livre des morts, est une évocation d'un serpent pourvu de jambes humaines comme symbole du renouveau. Ce dessin est associé à un texte dont la récitation permer de prendre l'apparence d'un serpent :"Je suis un serpent qui a vécu de nombreuses années, je vais à travers la nuit et je peux renaître chaque jour. Je suis le serpent qui forme la limite du monde, je vais la nuit et je peux renaître chaque jour, complètement nouveau et rajeuni".

Cochon

LE COCHON

Les cochons étaient déjà considérés dans l'Égypte antique comme impurs et étaient apparentés à la suite du dieu Seth en raison de leur bestialité et de leur voracité. D'après le livre des morts, Seth pouvait se métamorphoser en verrat noir, et c'est ce qu'il lui arriva quand il attaqua Horus et lui blessa un oeil. C'est pourquoi le cochon est représenté comme l'incarnation même du mal sur beaucoup de bas-reliefs et de peintures. À l'occasion des grandes fêtes lunaires, les cochons étaient sacrifiés aux divinités lunaires Isis et Osiris.

La déesse du ciel, Nut, était présentée dans une légende comme étant la truie-mère qui dévore sa propre progéniture, les étoiles, au moment du lever du jour et les remet au monde chaque soir (cf. p. 99). C'est pourquoi on avait recours à des amulettes représentant, comme symbole de la source de vie qui ne se tarit jamais, une truie avec ses petits.

Le taureau Apis avec son disque solaire

LE TAUREAU

Le taureau était déjà considéré dans les temps les plus reculés comme le porteur de la force de vie. C'est ainsi que l'on partait du principe que les inondations annuelles du Nil étaient un "don du taureau". À l'origine, le roi était tellement assimilé à cet animal qu'il était toujours représenté sous cette apparence. D'ailleurs, les souverains du Nouvel Empire se faisaient appeler "taureau puissant" en plus de leur nom spécifique.

Alors que le taureau était à l'origine un pur symbole de fertilité, on ajouta au taureau Apis d'autres caractéristiques spécifiques. Depuis cette époque, il fut considéré comme l'incarnation terrestre du dieu Ptah. Après sa mort, il devint le dieu des morts en s'unissant à Osiris. La mission du taureau consistait aussi à porter sur son dos la momie d'un défunt.

Cette figure en bronze issue de l'époque moderne de l'Égypte antique montre le taureau Apis avec son disque solaire sur la tête.

Mille-pattes et bélier

LE MILLE-PATTES

Les mille-pattes, qui en Égypte peuvent atteidre 25 cm de long, étaient très redoutés à cause de leur morsure. Par ailleurs, ils étaient aussi considérés comme des animaux éliminant la vermine. Pour s'accomoder de cette ambivalence, on déifia cet animal. Le dieu Sepa était vénéré dans la région d'Héliopolis et effectivement utilisé en outre pour lutter contre les parasites.

Comme hiéroglyphe, tel que reproduit sur la page ci-contre, il symbolise les chaises à porteurs du pharaon utilisées pour certaines festivités. Les 42 jambes des vingt porteurs utilisés, dirigés en outre par un chef porteur, n'étaient pas sans rappeler cet animal et évoquaient de surcroît les 42 provinces égyptiennes ainsi que les 42 reliques du dieu Osiris.

LE BÉLIER

Comme le taureau, le bélier était aussi un symbole de fertilité évoquant l'une des incarnations des dieux Chnum et Amon. On reconnaît le bélier Amon au fait que ses cornes sont inclinées vers le bas.

Le bélier était aussi le symbole d'une "tétrade" cosmique : il représentait la vie de Rê, de Schu, de Geb et l'âme d'Osiris. D'où la représentation d'un dieu à quatre têtes sortant d'un seul et même cou.

Huppe et bouc

LA HUPPE

On la trouve sur de nombreuses représentations mettant en scène des enfants auxquels elle servait de compagnon de jeu. Symbole évoquant la faculté de se montrer reconnaissant, la huppe était aussi souvent représentée en compagnie de divinités enfantines et associée à elles dans la mesure où, dans la croyance populaire, on la considérait comme le seul animal qui restitue l'amour donné par les parents et s'occupe d'eux quand ces derniers sont devenus vieux.

LE BOUC

Ba-neb-Debet, le bouc sacré et souverain suprême de la ville, n'était vénéré que dans l'enceinte de Mendès. Les femmes le priaient en tant que divinité de la fertilité et de la procréation afin de voir se réaliser leurs voeux de maternité. On a d'ailleurs trouvé dans cette ville des momies de cet animal sacré.

Toutefois le bouc ne parvint pas à faire l'objet d'un culte au niveau du pays tout entier et resta cantonné dans une fonction d'offrande réservée aux gens de condition modeste.

INDEX

296

BIBLIOGRAPHIE

Eggebrecht Arne, *L'Egypte ancienne : 3000 ans d'histoire et de civilisation au royaume des pharaons*. Préface de J. Lacarrière. Traduit de l'allemand, Bordas 1997.

Fontana David, *Le Language secret des symboles : leur histoire, leur interprétation*. Traduit de l'anglais par Ph. Sabathé. Solar 1995.

Fournier des Corats, *La Proportion égyptienne*. Guy Trédaniel, 1980.

Lurker Manfred, *Dictionnaire des dieux et des symboles des anciens égyptiens*. Traduit de l'allemand par P. Jauffrineau. Pardès, 1994.

Portal F., *Symbole des égyptiens*. Guy Trédaniel, 1978.

Achevé d'imprimer sur les presses de
Publigraphic
138, av. des Français Libre - Laval
Dépôt légal 2ᵉ semestre 1998